銀行という病

第2会社方式で事業と人生を再生する

事業再生コンサルタント
長谷川博郁

みらい PUBLISHING

はじめに

少し私自身の自己紹介をさせていただきたい。

私はいまは、合同会社リバースコーポレーションという会社で、事業再生コンサルタントとして全国を回っている。だが、10年ほど前までは外食産業の経営者として主にFC事業を推進していた。

私は東京の大学を卒業し、機械商社に2年間勤務した後、青森県八戸市に本社を置く第一ブロイラーという会社で役員として働き始めた。これは私の父が創業した会社である。そして1年7カ月の海外研修の後帰国し、およそ1年半後に外食部門を立ち上げ、第一フードサービスという会社を設立することになる。事業は順調に拡大を続け、ピーク時には洋風ファストフード店を中心に店舗数約80店舗、年商60億円の会社に育て上げた。フライドチキン、ハンバーガー、牛丼、うどん、宅配ピザ……とFC

の多業態を運営し、東北から首都圏までをカバーするまでになった。

しかし2000年代に入り事業環境が一変する。狂牛病や鳥インフルエンザなど食の安全を揺るがす問題が相次いで起こり、売上が低迷し始めた。その打開策として、カジュアルレストラン事業を始めた。だが、それが低迷の打開に結びつかないばかりか、裏目に出た。業績不振が続き、2007年にメインバンクから事業売却を勧められることになった。

「事業再編を進め、財務的に万全な会社にしましょう！」

私はメインバンクのこの言葉を信じて、事業再生に取り組んだ。ところが、主力であったフライドチキンのFC事業を売却させられたところで、銀行に裏切られたことを知った。メインバンクは自行の債権回収・債権保全を図り、第一フードサービスを見捨てたのである。その頃、背負っていた負債の総額は18億円ほどになっていた。元々は30億円であるが、事業売却により18億円まで債務を減らしたのである。

倒産寸前であった。そのとき、第2会社方式で事業を再生する事業再生コンサルタントと出会い、銀行と決別した。第2会社方式で12店の店舗を残して再スタートを切ったのである。

以来、自らの経験を生かし、金融機関（銀行、リース会社、保証協会など）と徹底的に戦い続ける事業再生術を身につけ、全国の中小企業や中堅企業の経営者、債務者のために、２００９年から現在まで約40社を直接コンサルティングしてきた。各社の債務額は約３００万円から約１６５０億円までと幅が広いが、皆、第２会社方式で再スタートを切っている。また、東京や大阪などで開催しているセミナーや個別コンサルなどで４００社を超える中小企業にアドバイスしている。

本書は、そんな私の実体験を踏まえた事業再生の手法を解説している。金融機関の返済に苦慮する多くの中小企業経営者に本書をぜひ手にとっていただき、困窮しても再スタートの方法があることを実感していただきたい。

そして、勇気を持って事業に邁進していただくことを願ってやまない。

令和２年１月

長谷川博郁

さよなら銀行

目次

第1章 金融機関頼みでは、会社はつぶれるばかり

第2章

第2会社方式の事業再生とは？

第3章 第2会社を使って自力で事業再生するポイント

第4章 第2会社を設立してから気をつけること

第5章

銀行への思い込みを捨て「第2会社方式」で会社と人生を再生する

金融機関頼みでは、会社はつぶれるばかり

第1章

私的整理のなかで苦慮する中小企業

倒産には、破産法・民事再生法・会社更生法などに規定された手続きに沿って倒産処理を行う法的整理と、債権者と債務者との一定の合意にもとづいて債権債務を処理する私的整理がある。法的整理については件数や額をカウントしやすい面もあり、よく「〇〇年の倒産件数」などと称して帝国データバンクや東京商工リサーチといった信用情報機関から発表されている。

ところが、私的整理に関しては、その性格上、実数がわかりにくい。だから、断定はできないのだが、私の実感としては、ここ10年来、法的整理は概ね減少傾向にあるものの、私的整理はいっこうに減っていないように感じる。むしろ、法的整理が減少したぶん、私的整理は増えているのではないかとさえ思う。

私的整理は、債務者と債権者の「合意」が原則

その私的整理の多くはメインの債権者である取引銀行と、債務者である経営の立ち行かなくなった中小企業とその経営者の間の合意によって、債権債務が処理されていく。ただし、「合意」とはいっても、これまでは債権者すなわち銀行の立場のほうが圧倒的に強かった。債務者すなわち中小企業の経営者も「借りたお金を返せない」という負い目を強く感じ、それが、立場を弱くしていたのだ。

だが、そんなに引け目を感じ、弱気になり、ふさぎ込んでしまうような状態になる必要はない。「返済能力がなくなったのだから、返せない」のは事実で、その事実から目をそらさずに次の手を打っていくこと、すなわち再生を図ることが第一に大切なのである。

以降は、私の経営の実体験である。できるだけ匿名を避け、正直に、会社・事業が傾いたそのとき、関係先はどのように動いたのかをまとめたつもりだ。

その実体験をお読みいただければ、中小企業の資金繰りは思わぬところで悪化する

可能性があること、日本の銀行は大事なときに会社の味方になってくれないこと、安易な借入れ条件の変更（リスケジュール）では、じり貧状態を続けることになってしまうことなどがよく理解していただけると思う。

そして、少額の借入れならリスケジュールや債務（債権）の譲渡、経営者の保証などによる対応によって超長期での巻き返しを図ることも可能だが、借入れ比率が高い場合は、何らかの方法で銀行への債務の返済をストップして、別の対応をしなければならないことなども理解いただけると思う。

狂牛病と鳥インフルエンザに襲われた経営

私は1974年に大学を卒業後、父が創業した第一ブロイラーという会社に務め、しばらくしてその会社の常務に就任した。第一ブロイラーは北海道・東北から大阪までを主要エリアとし、大手スーパーや地元スーパー、さらに大手外食チェーンなどに精肉、鶏の加工肉を卸していた。だが、父は、ケンタッキーフライドチキン、モスバーガーなどのＦＣ店舗を展開する外食部門を新規事業として始めた。それが、１９８０年5月に設立された第一フードサービスという会社である。

その頃の経営体制を正確にいうと、私は第一フードサービスの常務となり、第一ブロイラーについては、私は常務取締役として経営陣に加わっているものの、第一ブロイラーの代表は父が亡くなった後は父の時代から右腕と目される人物に任せるかたちであった。

鶏肉と牛肉の「２枚看板」でも限界があった

第一フードサービスの外食ＦＣ事業は、ケンタッキーフライドチキンの八戸店、モスバーガーの弘前店を皮切りに着々と店舗を増やしていった。その他の多業態の外食事業を運営するなかで、ピーク時には東北地方を中心に全体で約80店舗を運営するようになった。北日本では、外食ＦＣ事業として各ＦＣ本部から一定の実績を認められるようにもなっていた。

ところが入社20年近く、正確にいうと21年が経過したころのことだった。米国産の牛肉から狂牛病のウイルスが初めて確認され、これを機に精肉・加工肉業界全体が、狂牛病による大パニックに見舞われたのである。

「とにかく、牛肉を食べるのだけはやめておこう」

「これで肉の輸入はもうできない」

消費者はもちろん、外食の店舗や生産者、さらには、加工・輸入業者を広く巻き込んだ大問題に発展していったのである。

第一フードサービスでも、狂牛病禍によってモスバーガーをはじめ牛肉を扱う店舗の運営が大きな打撃を受けた。売上が2〜3割は急速にダウンした記憶がある。

しかし、第一フードサービスの外食部門はケンタッキーフライドチキンとモスバーガーのいわば「2枚看板」である。〝両建て〟で対応していたため、互いのビジネスを補いあってくれる関係を築いていた。そのため、経営的には難局を何とか乗り越えられるとも考えていた。

ところが、その騒動に対して表示規制、生産管理の徹底などによって対応し、一段落しつつあった2年ほど経った頃のことだった。今度は鳥インフルエンザ騒動が全国各地で勃発した。牛肉に引き続いて鶏肉。第一フードサービスとしては、2枚看板が相次いで打ちのめされ続けた恰好になる。

第一フードサービスのケンタッキーフライドチキンのFC店舗運営も大きな打撃を被った。売上は1～2割はダウンしただろうか。モスバーガーのFC店舗運営は少しは持ち直していたものの、ダブルパンチがボディブローのように、第一フードサービスを襲ったのである。

店舗は多少はお客さまが減った感はあったものの、見た目は一応の平静は保っていた。まったく来店客がなく、閑古鳥が鳴いているといった状況ではない。だが、その店舗の陰で、資金繰りは困難を極めていた。

大まかな数字を示すと、ケンタッキーフライドチキンのFC店は開業資金が1店舗あたり5000万円ほどは必要（当時）で、FC店のオーナー（フランチャイジー）は基本として法人を対象としていた。一方のモスバーガーは1000万～2000万円くらいの初期投資で始めることができ、いわば脱サラオーナー向けにビジネスモデルが組み立てられていた。

そして、いずれの場合も、当時の月商は1店あたりケンタッキーフライドチキンで600万円くらい、モスバーガーで300万円くらいを目標値としていた。FC本部も加盟店も、月々その程度の売上を出すことが店を回していくうえで必要なのである。

順調であれば十分達成できる金額でありビジネスモデルなのだが、狂牛病と鳥インフルエンザのトラブルは資金繰りに大きな影響を与えた。急落した売上を受け、支払いに苦慮する。仕入れ代金、パート・アルバイトの賃金、店舗の地代家賃……なども支払わなければならない。

資金がつながらなくては、経営は維持できない。厳しいなかで、メインバンクであったみちのく銀行から追加資金を借り入れることもあった。ときに銀行の支援を仰ぎながら何とかやりくりする日々が続いた。

多くのFC事業では、一つのFC店を開業して3年ほどは赤字である。しかし、それ以降は黒字に転換し、資金繰りも順調になっていく。第一フードサービスでも、月商1000万円前後になっていた店舗もあり、それだけの売上があれば資金的にも堅調に推移する。

たとえば、モスバーガーの八戸湊高台店は、モスバーガーにとっても初めての本格的なドライブスルー店だった。それだけに〝威信〟をかけたビジネス展開であった。そのほか多店舗化するなかで、「なか卯」、「ピザハット」、中華レストランの「紅虎餃子房」など他のFC店も手がけるようになっていった。

そのなかには順調に資金繰りができているとはいいがたい店舗もあった。第一フードサービスのFC事業を総体としてみると、2000年代の前半、狂牛病禍、鳥インフルエンザ禍以降は徐々に債務が膨張していた。

だが、毎月の期日にはしっかり債務の返済を続けていた。私は銀行を信じ、難局を乗り越えるには銀行からの資金提供が欠かせないと考えていたのである。

中小企業に特有？の親族の不協和音

一つの綻びは、さまざまなところに波及してくる。私は5人兄弟の長男で、3人の弟がいる。その三男に、長谷川家全体の資産管理会社を任せていた。父が創業した第一ブロイラーは、中堅のオーナー会社とはいえ、北海道、東北地方を中心に精肉の流通において重要な拠点の役割を果たしていた。その子会社としてスタートした第一フードサービスも、地域の外食FC事業としては一定の地位にあったといってよいだろう。そのため、創業家一族としては、それなりの資産を築いていて、その資産管理の会社を三男に任せていたのである。

ところが、思わぬことが起こる。この長谷川家の資産管理会社が、第一フードサービスの債務の連帯保証をしていたのだが、いわばそこに潜在的なリスクを抱えていたのである。

弟が取引銀行に求めた債権の確定請求

弟としては、第一フードサービスの銀行に対する債務が増えていることはよくわかっていた。そこで、

「兄貴の会社が破綻したら、ウチも連帯保証で債務を丸被りすることになる。これは大変なことになるぞ」

とでも思ったのだろう。弟は私に相談することなく、みちのく銀行に債権確定請求を申請したのだ。三男は第一フードサービスの経営には関わっていない。だから、少しは第三者的な立場で債務をはっきりさせたほうがよいと判断したのだろう。

債権の確定請求とは銀行に対して債務がいくらあるか、その元本の確定を請求できるという制度である。その請求を受けた銀行は、当然ながら請求に応じて対応する。

とともに、銀行としては、

「連帯保証人が債務の確定を求めているのだから、弁済に不安ありだな。新規の融資も控えないといけない」

と考える。それは当然のことかもしれないが、第一フードサービスにとって新規の借入れができないとなると、成長の道を半ば断たれたも同然だった。

私は弟に、債権の確定請求を取り下げてもらった。だが、請求した事実は変わらない。債権の確定請求を求めて以降、みちのく銀行は前向きだった取引の姿勢を一変させてきた。

第一フードサービスの業績が悪化すると、みちのく銀行の担当者と副支店長は私の目の前でこうアドバイスするようにもなった。

「第一フードサービスのことを考えると、資産管理会社と合併したほうがいい」

これには正直なところ納得できなかった。債務の返済に窮する企業への対応に関する考え方が、根本的に異なることを感じた。

私が社長を兼務していたが会社を守るため三男に経営を任せた資産管理会社は、会社とはいっても、いわば長谷川家の資産を管理している状態に過ぎない。ところが、第一フードサービスは、もっとも多店舗化した時期で外食のＦＣ店80店舗を運営していた会社である。私以外の従業員も株式を保有している。個々のFC店の店長も〝自分の店〟という意気込みをもって運営にたずさわっている。私の一存、また兄弟間の意向では合併などの方法をとることなどできない。いわば、まったく質の異なる会社の合併を持ち出して形式的には解決したかに見せかけようとしたのである。

いま思えば、みちのく銀行は当社の再建を支援しようと考えていたのではなく、その債務を少しでも早く確実に回収したかっただけである。

そして、それまで積極的に多角化経営を行ってきたが、結局、仙台など遠隔地に展開していたレストランは閉店することになった。

狂牛病禍から5年ほど経った2007年頃だったと覚えている。その時期から私の〝債権者との戦い〟が始まった。

銀行による「事業再編」という不可思議な提案

自分が経営してきた会社の再建に乗り出すまで、銀行というものは、堅実でまっとうな対応をする組織だと私は思い込んでいた。企業に対しては貸付を行っているのだから、貸付先の経営状況はきちんと把握していくべきものだと思っていたのである。貸付を行っているのだから、当然、回収をする。ただ、その回収はいわゆる「貸し剥がし」的な対応ではなく、貸付先を安定的に経営している状態、いわば企業を健全な状態に導きながら、回収を図っていくものだと、私自身は思い込んでいたのである。

ところが、現実の対応はそのようなものではなかった。貸付先の経営のことはまったく考慮せず、回収できればよいとだけ考えていたのである。

「メイン事業を売却しませんか？」

債権の確定請求をきっかけに、それ以降、銀行側の対応が強硬な回収姿勢に傾いたのはまぎれもない事実だ。

三男が社長をしている資産管理会社は、創業家が所有するいくつかの不動産に銀行による根抵当を設定し、そのことによって、第一フードサービスはいわば無担保状態で債務を保証してもらっていたのである。そして、当時、四男は第一フードサービスの常務であった。そのような状況全体をみちのく銀行は勘案し、債権の確定請求を第一フードサービスの兄弟間による内紛と受け取ったのかもしれない。

しかし、三男にはその意図はまったくなかった。長兄である私の経営をハラハラしながら見ていて、

「資産管理会社の債権を確定させたほうがよい」

と考えたのである。ところが、債権確定請求が出されたことで、みちのく銀行は支援ではなく、確実な債権回収を図ろうと方針を変えた。

一般に、資産会社としては、資産のうち優良な不動産に設定した抵当を外してほしいと考えるものだ。だが、単純にそれを認めてしまうと、銀行側としては新規の貸出しの根拠となる保証がなくなり、納得しかねるものだ。

その状況のなかで、みちのく銀行がとった対応が、債権の回収である。

債権確定請求が出されたことへの打開策として、みちのく銀行側は事業の再編を提案してきた。

銀行側からすれば、回収できるのであれば担保を処分しても早期の回収を図りたい。だが、それがスムーズに実現できないのなら、事業の再編、すなわち事業を売却してその売却益を回収に充てることができれば……と目論んでいたのである。

みちのく銀行の当時の八戸支店長は、三男がみちのく銀行本店に債権確定請求の書類を郵送直後、次のように私に提案してきた。

「苦渋の決断かもしれないが、ケンタッキーの事業を売却してくれないか？」

たしかに当時は鳥インフルエンザ禍にともない、ケンタッキーフライドチキンのFC事業は厳しい状況下にあった。だが、それでも、外食FC事業を主業務とする第一フードサービスのメイン事業である。その部分を売却したら、第一フードサービスの屋台骨を揺るがすどころではなく、外してしまうことになる。

それより何より、心情的にも経営判断としても、厳しいなかでも約定返済を行ってきたのであり、銀行からそのような経営戦略の核心の部分に踏み込んだ提案が出るとは思わなかった。ところがその支店長は、私の意思の如何にかかわらず、

「ケンタッキー事業部を売却してくれたら、当行の会長・頭取に話を通して、御社を全面的にバックアップする。また、あらためて立派な会社を作ればいいのではないか？」

と提案してきたのである。

地道に経営を続け、立て直していこうと考えている第一フードサービスは、銀行にとっては完全に〝不良債権〟扱いだったのだろう。どれかの事業を売却するとして、

最も高い値段で売れそうな事業がケンタッキー事業部であった。

　単純に数字を示すと、当時、みちのく銀行には18億円ほどの返済残高があり、ケンタッキー事業部を5億円で売却できれば、13億円の債務残高になる。そうなれば、返済の負担はかなり軽減される。しかも、新たな融資に関しては従来どおり確実な担保を取得しているのだから、万が一の場合も弁済される。すなわち、その提案は、銀行側が少しでも確実かつ早期に回収できる方向で算段した提案なのである。

　……だが、そのような全体像を私が理解して示せるようになったのは、ここ数年のことだ。当時を振り返ると素直なもので、四男と協議し、

「メインの事業の売却は厳しい判断だけど、その後の経営を銀行が全面的にバックアップすると言ってくれている。支店長の提案に乗った方がいいかも知れない」

という結論に達した。その結果を銀行に伝え、その後の手続きが進んだ。

不可思議な提案は銀行の裏切り行為だった

第一フードサービスが経営していたケンタッキーフライドチキンの事業は、第一ブロイラーに譲渡された。いわば〝モトの鞘に収まった〟状態である。

これは第一ブロイラーとしても、銀行としても、また私としても、メイン事業を譲渡するのであれば、その選択がいちばん良かったと当時は思っていた。

実は第一ブロイラー企業グループは、1992年に三井物産に売却していた。

そのため、第一ブロイラーは「父が創業した会社」といっても、その経営から私自身は離れていた。そのため、みちのく銀行側も第一フードサービスのケンタッキーフライドチキンの事業の売却先は、もともとの親会社であり経営陣も知っている第一ブロイラーがお願いし易いと考えていたようだ。また、第一ブロイラー側にも、その意向はあったようである。

大手商社間の交渉のなかで

私は第一フードサービスが行っていたケンタッキーフライドチキンの事業を第一ブロイラーに譲渡する話を、ケンタッキーフライドチキンのFC本部に伝えた。ところが、その承諾の返事が数か月待っても返ってこなかった。理由は、ケンタッキーフライドチキンは三菱商事が経営していた。FC加盟店とはいえ、ケンタッキーの事業が、三井物産系の会社の事業部として収まる——。このことの是非を協議する時間が長引いていたのだ。

伝え聞くところによると、この案件を認めない場合は三菱商事側としても代替案を出す必要に迫られたようだ。そうなると、結局、どこの企業が譲り受けるべきか、といった同じ話が展開されることになる。結局、半年近く経ってから了承の返事がきた。

もともと、第一ブロイラーを三井物産に売却したときは、グループの年商を合わせると500億円ほどだった。その後、三井物産の傘下で、系列の一冷、ゴーデックス、日本ハイポーという3社と合併し、第一ブロイラーはプライフーズと改称した。現在のプライフーズの年商は約700億円。立派な成長ぶりである。

一方、私が社長をしていた第一フードサービスは、第一ブロイラーが三井物産の傘下に入った時点で、第一ブロイラーの持っていた第一フードサービスの株式を私が買い取り、独立した道を選んだ。そして、結局は債務超過に陥り、私的整理を行うことになる。法的整理のように倒産としてカウントはされないものの、結局は事業を譲渡したうえでの休業状態となった。

当時は、そうは思ってはいなかったが、いまにして思うと銀行の策略と権謀術数に振り回されたという思いである

私の私的整理は、どの会社でも起こり得ることだ！

この第一フードサービスの破綻の経緯を、経営戦略と資金繰りの観点からあらためて振り返っておきたい。第一フードサービスの多角化経営は、まさしくファストフード店の多角化である。順調に売上を伸ばしていたFC店もあれば、赤字に陥り閉鎖のやむなきにいたる店舗もあった。それは、多店舗展開する経営戦略上、避けては通れない道でもある。

結局、最盛期の第一フードサービスは、ケンタッキーフライドチキン30店舗、モスバーガー18店舗、サーティワンアイスクリーム2店舗、TSUTAYA3店舗、紅虎餃子房2店舗、京都かつひろ2店舗などを運営し、別会社でピザハット3店舗、なか

卯3店舗などを運営していた。計80店舗で、年商規模は約60億円になっていた。

「銀行だけは安心」という思い込みの怖さ

だが、その経営の実態は、2001年から始まった狂牛病禍や、2004年からの鳥インフルエンザ騒動の頃から傾き始めていた。その災禍を境に、業績も資金繰りも大きく下方にぶれ始めていたのである。そのなかで、業績の安定を図るべくカジュアルレストラン事業に進出した。だが、結果的にはそれも裏目に出てしまった。

経営の改革を進めるにおいて、銀行からの融資は重要なものである。当初はメインバンクであるみちのく銀行も二人三脚、ともに第一フードサービスを支えていこうと協力的だった。もちろん、私も銀行的な言葉を使えば、有利子負債を少しでも抑えるべく経営の舵取りをしていた。

ケンタッキーフライドチキンとモスバーガー、言い換えると鶏肉と牛肉の2枚看板は、第一フードサービスの経営基盤を築くうえで重要なものだった。多店舗化せず、どちらか一方だけであれば、狂牛病もしくは鳥インフルエンザ、どちらの災禍一つで第一フードサービスの経営は完全に傾いてしまったはずだ。だが、その事態を回避することができ、互いを補い合うことができたのも、業態や扱い商材の異なるＦＣ店を多店舗展開していたおかげだった。

だが、「債務の確定請求」を境にして、第一フードサービスとしては約定どおりの返済をしていたものの銀行の対応が変わった。少額の緊急融資も認めてくれず、銀行の上層階のフロアでは、

「事業再生より債権回収」

と考えていたのだ。要は、銀行は自分たちが少しでも損害を被らないかたちでの回収、さらに資金の引揚げを考えていたのである。

ただし、債権確定請求以後の対応が資金の回収や引揚げ、場合によっては第一フードサービスをつぶすというような横暴な対応、言葉は悪いかもしれないが最初から〝罠〟だと本当に知ったのは、第一フードサービスを私的整理して、事業再生コンサルタントとしての経験を３年以上経験したからこそである。

当時は、そのことをまったく理解できずに、銀行の要望に対応していた。支店長からバックアップの許諾の連絡があったときには、本当に涙が出るくらいうれしかった。当時は、まさか銀行が本当に弊社をつぶすとは思ってもいなかった。ケンタッキーフライドチキンの事業売却の提案も、苦渋の選択ではあるものの、それで会社は生き

残り、銀行もバックアップしてくれるならばしかたないことと思った。銀行からの提案をすべて善意に受けとめながら、経営改善を進めていけば、道は開かれるという気持ちだった。

2枚目の看板を下ろす

ただ、みちのく銀行は、ケンタッキーフライドチキン事業に続き、モスバーガー事業も売却しないかと提案してきた。そのときは一抹の不信感を抱いた。それでは、経営改善でも何ものでもなく、第一フードサービスはスタートから立ち行かなくなるのは明白だったからだ。

「結局、銀行としては、第一フードサービスを倒産させたうえで、回収できるものをできるだけ回収し、転売できる事業を転売して、できれば回収に充てて、全体として回収をより完全にするためにそうした提案を行っているのではないか?」

漠然とではあるものの、そう思ったのだ。ケンタッキーフライドチキンが約30店舗、加えてモスバーガーが18店舗とモス系列の紅茶専門店1店。相次ぐ売却は簡単に買い手がつくような金額ではない。結局、ケンタッキーフライドチキンの30店舗の売却先として想定できるのは、もとの親会社である第一ブロイラーしかなかったが、一方、モスバーガーの事業の売却先は継続して検討することになった。

私は経営状況を踏まえ、ケンタッキーフライドチキン事業は10億円以上での売却を目論んでいた。投資金額、投資効率、どの部分を切り取っても、10億円以下では金額的に見合わないと考えたのだ。それでなくても第一フードサービスでケンタッキーフライドチキン事業を続けていけば、年間3億円前後の営業利益は十分に弾き出せる計算だった。

だが、結果的には三井物産の判断は私とは違った。売却額の打診は5億円。銀行側は売却する側ではなく、債権回収のことだけを考えていたのだ。金額はいくらでもよく、回収を最も確実にできると判断した結果だった。

別の売却先を自分で見つけて売却したほうがよいのではないか。そんな考えも頭のなかをよぎった。しかし、現実に買い手はそう簡単に見つかるものではない。私はしかたなく、その売却を承諾した。経営的には厳しくなるが、返済額は大きく減らすことができる。しかも、以後は銀行に全面的にバックアップしてもらうことができる。そう考えての承諾だった。

小手先の数字合わせの提案も

モスバーガー事業を売却する件は不成立に終わったのだが、この件について、もう少し触れておこう。

当時の第一フードサービスのモスバーガー事業の資産総額は、帳簿上で6億円強になっていた。そのため何回かの交渉の最終段階では、

「6億円で買ってもらえないか」

とモスバーガーの本部に打診してみた。だが、本部の最終的な返答は、

「6億円では買えない。半額の3億円なら可能だ」

という回答だった。しかも、3億円を事業の購入代金として支出するのではなく、

「運営会社に出資する方法で、それ以外は無理だ」

という提案だった。つまり、第一フードサービスのモスバーガー店舗は、新しい運営会社に無償譲渡して、運営会社に3億円出資し、事業を続けるということである。

当時、第一フードサービスは、モスバーガーにとって最大のフランチャイジーであった。

私は、最終的な事業の整理方法を模索した。紆余曲折はあったものの、ケンタッキー

フライドチキンの事業の売却よりも、モスバーガーの事業案件のほうが先行して進んだ。

最終的な決着は、モスバーガーと私個人による共同出資のスキームで事業を立ち上げることで一致し、そのスキームによって再スタートを切った。２００８年４月のことだった。そしてその翌月、２００８年５月にケンタッキーフライドチキンの第一ブロイラーへの売却が完了した。それによって第一フードサービスは私的整理に進んだということになる。

単純に事業の売却を行うと、事業譲渡益課税の税額が高くなる。そこで、まず、第一フードサービスの株式を第一ブロイラーに売却するという方法を考えた。ところがそれを単純に行うと、第一フードサービスのケンタッキーフライドチキン事業以外の事業も、第一ブロイラーが買い取らなければならない、ということになってしまう。そこで私は、ケンタッキー以外の事業を新会社で買い取ることにした。

そして、このようなことは私一人ではなく、多くの中小企業の経営が傾いたときに起こり得ることなのである。私的整理といっても一筋縄ではいかない。その間、経営者はずっと、つらい思いをする。それは、どの地域の中小企業でも起こっていることなのだ。

第2会社方式の事業再生とは?

第2章

初めて知った！
7億5千万円の債務を50万円で解決する方法

2事業部を売却したある日、私と同様にケンタッキーフライドチキンのＦＣ事業を展開していたある先輩経営者に、

「一度、あの人の話を聞いてみたらいいですよ」

とアドバイスを受けた。

第2会社による事業再生のスキーム

私はまず、東京麹町にあるその経営者の事務所を訪ねてみた。その事務所の壁には

三井住友銀行の発行した「7億5000万円の債務を50万円で解決した証書」が飾ってあった。

違法でも詐欺でもなく、正当な手法によって解決が可能な方法がある、ということを、私はそのとき初めて知った。

「50万円……？　ケタが2つほど違うんじゃないですか！　5000万円で解決したというなら、わからないでもないけど……」

「あるコンサルタント業を営むH先生に頼むと、それが可能なんだよ。詳しく話を聞いてみる？」

「お願いします。ぜひ紹介してください！」

私は矢も盾もたまらず、会うことを決めた。

その経営者は、私を都内に住むH氏に会わせるために、自ら連絡を取ってくれた。そして、その後1時間ぐらいしてH氏は経営者の事務所に来てくれたのだが、そのときは大変忙しい様子で、30分程度の短い話しかできなかった。しかし、そのときうかがった話が「第2会社による事業再生」のスキームだった。

その後、私はH氏と二回ほど詳細な面談を重ねながら、熟考を繰り返した後、2007年の8月に、そのH氏の指導のもとで事業再生に取り組もうと心に決めた。

銀行の横暴とも思える対応が続いた

一つの会社を整理し、新しく会社をつくって再スタートを切る。この手順は一筋縄で進むものではない。H氏の指導を受けようと心には決めたものの、実際の経営においてはさまざまなことが起こる。段取りよく首尾よく進めばよいが、そう簡単には事が進まないのが現実の経営である。

当時の私は、メイン銀行からケンタッキーフライドチキンとモスバーガーのFC事業の売却をさせられ、第2会社でスタートしたものの、とても事業の再生なんてできるものではないという思いが強くなっていた。

2008年5月のことだ。みちのく銀行が追加融資（実際は債権回収に伴う融資の入れ替えだった）の契約書類一式を用意してきたときのこと。当初、支店長と融資担当次長と私の間では、借入れの期間は15年と決まっていた。それが契約書類一式では、銀行側の意向によって7年に短縮されていたのである。

「話が違う！　15年返済のはずだ！」

私は思わずそう叫んだ。だが、気を取り直してとりあえず銀行側の言い分を聞いてみることにした。

「たしかに15年でお話ししていたことは担当者からうかがっています。しかし、新規融資のスタートは、ぜひ7年返済でお願いします」

「返済期間を半分にするって、金利分の返済が倍になるってことですよ。そんなこと、絶対にムリです。再スタートを切っても、資金が回らなくなって倒産にでもなったらどうするの！」

「その事態を回避するために、メインバンクとしては全面的にバックアップします。ですから、今回の融資の返済は7年でお願いしたい」

その押し問答を続けていても、埒があかない。結局、返済期間を7年に短縮するという提案は飲むこととした。

ところがみちのく銀行は、もう一つ難題を持ちかけてきた。

「奥さんの連帯保証がいただきたいのですが……」

この一言には、正直なところ空いた口がふさがらなかった。そのような提案は融資担当者との話し合いのなかでも、まったく出ていなかったことだ。私も、これまでの融資案件で個人保証を求められたことはあっても妻の連帯保証を求められたことはない。これは、弟の経営する創業家の資産管理会社で対応していたことで、それは銀行側も了解済みのことだった。

そのような自分側の事情をすべて勘案しても、夫の事業資金の借入れに妻が連帯保証を求められるなどということは、あってはならないことなのだ。

「なぜ、女房の連帯保証が必要なの？　しかも契約日に突然そんな話を持ち出して。事前の話し合いでは、そんなこと一言もなかったよね」

「これについてはもう……、そうしていただかないと、当行としても困るんです。とにかく、上からの指示なのでお願いします」

「女房は不在だから今日は無理だ。伝えておく」

実際、妻は不在にしていたのだが、そう言って、その場をやりすごすほか方法はなかった。

本当は、この段階で銀行の対応は支援ではなく、債権回収なのだと気づくべきだったのだ。

だが、その話し合いの段階になっても、私は銀行にだまされているということは、ほとんど考えもしなかった。ここをなんとか乗り切れば支援を受けることができ、また、イザとなったときにはバックアップもしてくれるはずだ……。そのときの私には、まだその気持ちが強かったのである。

再スタートを切ってからの資金繰りも、困難を極めた。ケンタッキーフライドチキン事業を売却した時点で、余剰資金は1億円ほどあった。ただ、銀行の追加支援がない限り、その余剰資金では半年間持ちこたえるのが精一杯だった。2008年の10月頃には資金が回らなくなる。結局、再スタートを切ったといっても、〝あり地獄〟に落とされていくような気分になっていた。

私の出した2段構えの対応

2008年8月。第2会社で新スタートした後に、そのH氏と出会った。

正直なところ、半信半疑だった。もしH氏にだまされていたら、私は一文無しになってしまう。だが一方で、みちのく銀行の勧めるままに事業再生を進めても、結局、回収したいだけ持っていかれて、すべてを失ってしまうことになる。そして、H氏の勧める手法をとっていけば、銀行の勧める対応に従うという選択肢はないということにもなる。

そうはいっても、こちらから銀行を裏切るようなことはできない。第一フードサービスを通じて、これまでに資金提供などのさまざまな面で融通してもらっていた銀行を完全には疑いきれない面もある。まったく信じていないのか、と聞かれれば、

「そんなことはない」

と答える程度の、感謝の気持ちと未練は心の底にはあったのだ。

「長谷川さん、あなたは銀行にだまされていると思うよ」

そんな逡巡する気持ちを、コンサルタントのH氏にも正直に話した。すると、H氏からは、びっくりするような一言が返ってきた。

「長谷川さん、申し訳ないけど、あなたは銀行にだまされていると思うよ」

H氏のその冷徹な一言で目が覚めた。一気に気持ちが吹っ切れた。

そして半信半疑で、どっちつかずのまま逡巡しているのではなく、この先は段取りを踏まえて理路整然と対応して行くことに決めた。

そのとき考えたのは、次のような2段構えの対応だった。

①「2008年10月までには新会社をスタートさせ、その新会社のスタートを全面的にバックアップするという銀行の言葉を信じて、がんばってみる」

それによって、事業を軌道に乗せることができれば、まったく問題はない。これまでと同様に、一生懸命になって事業に邁進して行く、ただそれだけのことだ。

②「その段取りのなかで、銀行に無理難題を持ちかけられるなど、私にとって不本意な対応があれば、即刻、そのコンサルタントが教えてくれる、第2会社方式による再生に切り替える」

いわば、クルマの前輪と後輪の両方を回しながら、進むべき方向を間違えないようにする——、といったイメージの対応だった。

再スタートを切るなかで、みちのく銀行はさまざまなことを要求してきた。

「毎週、資金状況・経営状況の報告に来てください」

「資金繰り表は、毎月提出してください」

まるで、私が銀行のためだけに働いているかのような、様々な対応を要求してくる。これは実のところ、

「いくらでも回収してやろう」

と考えているからだろう。だが、私の方も、

「そこまでこちらを見下げるような目線で、あれこれ要求されても……」

という、わだかまりの気持ちが、内心高まっていた。だからこそ、9月から10月に入る段階で、次の第3会社の設立のための〝準備〟を進めて行ったのである。

第2会社の設立による再生の手法とは？

第2会社の設立による再生の手法を一言で述べると、

「既存の事業会社とは別の会社（第2会社）をつくり、そこに、ヒト・モノ・カネ・情報などの経営資源を移行し、それで生まれ変わってビジネスを展開していく」

という手法である。

私が2008年の9月、10月にかけて行っていた準備とは、経営資源の移し替えなどを行う前の段階までは用意しておくということである。

木に竹を継いだような銀行の対応

２００８年10月上旬、銀行に経営状況の報告を行ったときのことだ。その段階で、追加融資が必要であることはみちのく銀行も了承済みだった。ところが、銀行から返ってきた言葉は、

「社長、10月の資金繰りは大丈夫ですよね？」

まったく、自行の回収のことばかり考えているような、木に竹を継いだような返答だった。

「毎週、支店に通って説明しているのだから、『大丈夫？』はないだろ」

私は、そんな言葉を呑み込んで、

「そうですよね。銀行も忙しいから、あらためて資金繰り表を組み直してみます」

と答えて、その場から辞去した。そして、銀行の支店を出てすぐに、Ｈ氏に電話を入れた。

「先生、やはり銀行にだまされていました。先生！　第２プランで進めましょう」

私の腹は、そのとき決まった。半年、１年、この先同様に続けることができたとしても、きっと銀行という大きな債権者に追いかけられるだけだ。いまの状況をいったた

んリセットして、きちんと整理して再スタートを切らない限り、私も会社も、さらに働き続ける従業員も、結局、誰も幸せにならない。

もし、新会社がつぶれたとしても、銀行はできるだけ回収を済ませ、

「経営が杜撰だったからだ」

と言うだけだ。私たちはそんな銀行のために働いているのではない。

「もう、銀行のいいなりはご免だ！」

私は、率直にそう思った。

銀行に内密に進めた段取り

第2会社方式での再生では、経営資源を第2会社に移行させなければならない。その再生法では、
①経営している会社を**「既存会社」**
②経営資源・事業を譲受した新会社を**「第2会社」**
と呼んでいる。

その年の9月、最初に第2会社を設立した。

メイン事業が外食業であったので、保健所の許可も取得しなければならない。

新会社の社長には、長年勤めている真面目で嘘は吐けない部下を任命した。

そして、メインバンクの本音が見えた10月中旬から事業の移転や従業員の移行作業を開始した。

まず100名前後の従業員の移行については、通常すぐにできるというものではなく、社会保険や労働保険の手続きなどすべてを含めて、移行には1か月から3か月くらいはかかる。

主だったFC本部に対する説明及び承認、それに従業員の移行作業には12月までかかった。その中の2本部は、与信管理には厳しく対応する本部に対しての債権者からの差押え等も考慮したのだろう。半年もかかってしまいこれには閉口した。

しかも、私のようにFC事業を営んでいる場合は、FC本部に事情を説明し、承認を得る必要がある。銀行には第2会社の設立や既存会社からの経営資源の移行について秘密にしておく。取引銀行の意向にかかわらず、進めてもかまわない再生法なのである。

「相手がこちらの意向を無視して勝手に早期の回収を図っているのだから、こちらも勝手にやらせてもらう」

と言い放ってしまうと、いささかぶっきらぼうに聞えるかもしれないが、実際そのような対応でも文句を言われる筋合いのない再生法なのである。

ただし、銀行に伝えずに進めていくには、いくつかのノウハウがある。

その一つが、移行が完了するまで既存会社を維持し続ける必要があることだ。要は取引銀行が訝ることのないよう既存会社にきちんと売上が入っていることを示す必要があるということである。

既存会社の売上が滞っていることが分かれば、当然ながら銀行は回収すべき債権が不良化するのではないか、さらに既存会社が回収困難先となってしまうのではないか、と警戒する。場合によっては、その段階になって、差押えなどの横暴と言い得るような回収を図ることもないとは言えない。

既存会社はそのまま事業を継続し、既存会社の社員を順次、第2会社に移していき、新しい取引分からは第2会社に入金してもらうように対処していく。

また、第2会社の取引銀行を新たに決めておく必要がある。私の場合、取引銀行は、みちのく銀行から青森銀行への移行とした。もちろん、青森銀行に対しても、

「これが私のつくった第2会社です」

などと説明する必要はない。それは第2会社の経営を担う人物が、

「新しく会社をつくりましたので、お取引をよろしくお願いします」と一般の起業と同様に、説明すればよいだけのことである。

既存会社のメインバンクとしては、約定どおり返済が行われて、しかも一定の売上入金が行われているのだから、何を言うこともない。単純に、一つの会社に複数の取引銀行があり、その取引先の間で、残高のウェイトが変わっただけのことである。

「今後、返済はできません！」そのとき銀行は……、

2008年10月下旬の朝のことだった。私は相談していたH氏と共にメイン銀行の一室にいた。

本来の第2会社設立による再生法の場合、第2会社の社長は既存会社の社長ではない誰かのほうがよい。

私はみちのく銀行八戸支店の次長に、単刀直入にこう切り出した。

「これまでいろいろとお世話になってきましたが、もう事業としては継続できないので会社を整理することにしました。返済は今後いっさいできません」

次長は呆気にとられていた。だが、どんな事態になってもよいように、用意は周到

に行ってきた。社員にはこれまでの労働条件は維持することを約束し、順次、第２会社に転籍扱いで異動してもらっていた。銀行には極秘だ。挨拶日の前日には既存会社の法人口座の預金をすべて引き出しておいた。

準備万端整えたうえでの一言。その言葉に継ぐように、Ｈ氏が口を開いた。

「残念ですが、会社は清算します。長谷川も経営責任をとって社長を辞めます。今後は、私が社長として既存会社の清算業務を粛々と行っていきます」

そこまで伝えたとたん、

「そんな話、聞いてない！」

次長は苦虫を噛みつぶしたような顔で、声を荒らげた。

私には、用意周到に進めた分だけの余裕があった。

「ちょっと待ってください。昨夜遅くまで役員会で侃々諤々の議論を重ねて決定し、覚悟を固めて、今朝、真っ先にここに来たんですよ。聞いてないと言われても……。こうして、朝いちばんに支店にうかがってお伝えしていることを、せめてもの誠意と受けとってください」

沈黙が長かったようにも思う。だが、それは数十秒ほどのことだ。次長は何かを察したように言葉を続けた。

「一つだけ確認させてください。社長、それ本気ですか？」

「冗談でこんな話はできません。本気です」

「わかりました……」

しばしの沈黙の後、次長は
「ベストな選択だと思います」

と言った。私は耳を疑った。

私は言葉でこそ丁寧に対応していたが、心のなかでは、止むに止まれぬ怒りが込み上げていた。

「これまで人をダマして無茶な回収を図ろうとしてきたのは、あんたがた銀行の方だろ！　俺は正当な方法で再生しようとしているんだ。なにか文句あるか！」

心のなかで、私はそう叫んでいた。

銀行の言い分は、銀行としては正しい。早くに私の対応が分かっていたら、銀行もしかるべく対応していただろう。支援体制をとるようなことはまったく考えず、強引な回収を行っていたはずだ。

だが、それは私たち借り手にとってみれば理不尽な対応である。約定を超えた強硬な回収など、どう考えても銀行という組織のすることではない。この一点において、私はまったく納得いかなかったのだ。

懲りない銀行の懲りない面々

小一時間ほど面談して、私とH氏は辞去させてもらった。きっと、私たちが去ったあと、「あのコンサルタントは何者だ？」と行内の情報を調べ回ったのだろう。夕方4時過ぎになって、次長から電話がかかってきた。

「あのコンサルタントのH氏は、いったいどんな人ですか？　ネットで調べてもまったく情報が出てこないんだよね」

少しでも事情を知りたがる次長に対して、私はとぼけた口調でこう答えた。

「事業再生のコンサルタントで、もう30年ほどは実績があるようですよ。いまは第2会社方式の再生ということで、全国を飛び回っているみたいです」

少しは種明かしをするつもりもあったが、次長はまだ自分の都合を優先していたようだ。

「わかりました」

と言って次長は電話を切った。

その後、夕刻7時過ぎになってまた電話が鳴った。

「急だが、いま本社の常務が八戸支店に向かっている。申し訳ないが、長谷川さんも支店に顔を出してくれ」

ということだった。

常務というのは前八戸支店長で、以前、第一フードサービスの事業再生（実は回収）の提案をして来た人物でもあった。２００８年の春に債務超過の地元企業３社ほどの整理を行い、その功績が認められて本社の常務になった。電話口の次長は、

「私はあなたの対応を翻意させたりはしない。ただ、本社から当行の常務が来るというのだから、申し訳ないが来てくれ」

の一点張りだった。

日も暮れた支店。その支店長室で、常務は開口一番、私に話しかけてきた。

「社長、良かったじゃないですか！　社長のおかげで当行の融資担当も事業再生に同意してくれた。事業再生やりましょう」

何が事業再生をやりましょうだ。今回の事業再生プランは元々会長や頭取の了承を取ってスタートしたんじゃなかったのか、それが取締役融資部長の一存で債権回収プランになるのがおかしいだろう。最初から私をだますつもりだったんだろうと怒りが

込み上げて来た。

常務の腹づもりはよく理解できた。常務は、できれば会社を永続させ、できるだけ回収したいと考えていた。だが、ズルズルと経営を続けて回収されるくらいなら、バッサリと整理したい気持ちもあった。しかし、それを銀行側が率先して行えば、当然ながら批判の矛先は銀行に向く。だが、それを私がやってくれるのであれば、銀行にとってはまさに〝渡りに船〟とも言えたのだ。

後日、銀行からまたお門違いな申し出があった。

「事業再生のプランを、社長のほうで書いてくれませんか……」

「こちらは、既に会社を整理する方向で決まっている。銀行側が再生したいのだから、銀行の方で再生プランを作成してください！」

私はこの申し出はきっぱりと断った。銀行とは関係ないところで、第2会社による事業再生を行おうとしているからだ。

貸し手責任はどこに

結局、銀行が考えていたのは、事業再生という名の回収強化でしかなかった。そのことを私は、第2会社による自分の再生プランを練っていくなかで、身にしみて理解できた。妻の連帯保証をとりつけ、その個人資産から回収を図ろうとしたのも、まさに、その一環だったのである。また、妻の連帯保証をとりつけたのは、私と妻の共有名義で所有する、自宅という不動産からの回収が狙いだった。妻の連帯保証がなければ、銀行は私の自宅の競売手続きを進めることができないから、それを見込んだ上で連帯保証を求めたのだ。

「借り手責任」という言葉とともに、「貸し手責任」という言葉がある。借り手責任は借りた以上は約定どおり、すなわち返済計画どおりに返済していかなければならない、ということだ。私は、その責任はきちんと果たしてきた。

一方の貸し手責任とは何か。現在のところ明確な定義はなく、たとえば証券投資用語辞典などには、次のように説明されている。

「貸し手は融資の際、借り手の返済能力等を確認したうえでないと信用供与がなされてはいけないとされる。さらに貸し手は、契約内容、リスクの説明義務など顧客に対し十分な説明が必要であり、顧客に不利益を及ぼすような金融機関の利益のためだけの融資は絶対に行ってはならない。また、多重債務への対応として、過剰融資防止措置については貸し手責任の一部にあたるとの意見もある。レンダー・ライアビリティー（lender liability）と呼ばれることもある」

貸し手責任とは一般によく聞かれる言葉だが、実は言葉の意味や定義が明確には定まっていないのである。

だからでもあるが、私は銀行の対応について、自分が第2会社による事業再生を行うまで、「横暴だ」とか「詐欺だ」といった言葉は使ってこなかった。しかし、いまは違う。

「回収できれば相手企業がつぶれてもかまわない」

といった対応は、貸し手責任を無視した〝横暴な回収強化〟であり、返済中の融資に対しても影響が及ぶ連帯保証、しかも融資先の代表者以外からの連帯保証をとりつけようとする行為は、これも貸し手の責任を無視した〝詐欺まがいの回収〟である。

一般の商取引なら、断じて許されない行為だ。

「長谷川さん、銀行にだまされていたんですよ」

第2会社による事業再生を勧めてくれたコンサルタントのH氏は、困ったときには助けてくれるものと私が長いあいだ思い込んでいた銀行を、こう評した。たしかに、そのとおり、私はだまされていたのだ。

なぜ、税理士や弁護士に相談にいかなかったのか？

私が第2会社の設立による再生方法を考えていたときや、また、会社が資金繰りに窮していたときなどに、

「なぜ、顧問の税理士や弁護士に相談しないのか」

と、度々人に聞かれたことがある。

実は顧問税理士には相談に行ったのだが、明確な対応は示してもらえなかった。結局、現状の経営をまっとうするしか打開策はなく、それがむずかしいなら、会社を倒産させ、社長個人は自己破産するしか方法はないという結論だった。

たとえ弁護士に相談したとしても、答えは同じである。会社にとって資金という血液を循環させる大元は銀行が握っている。その銀行が、たとえ理不尽で強引な回収を図ってきたとしても、弁護士にとっては、自己破産手続きよりもさらに大きな利益を得られるものでもない限り、割に合うとは言えない、骨の折れる仕事なのである。

弁護士に相談しても、自己破産という〝債務処理〟を勧められる

税理士はもちろん弁護士にとっても、銀行と争っても〝勝ち目〟はなく、できれば喧嘩をしたくない〝面倒な〟存在なのだ。だからこそ、

「本当に困ったら、銀行と無理に闘おうとせずに自己破産したほうがいい。会社は経営の一線から身を退くか、自分でたたむしか方法はない。残念だとは思うが、結局は、それが一番楽で得な選択だ」

と勧められてしまう。

だが、当事者である私としては、そのとおりだと首を縦に振れない面もある。自己破産となったあと、確かに債務はなくなるが、地元で長年継いできた財産もなくなり、先代から継いできた事業もなくなり、従業員も戻ってこなくなる。そして、それらのうち買い戻せるものを買い戻そうと思っても、そのお金は手元にはない。債務はなくなるかもしれないが、八方塞がりになってしまうのである。

ところが、第2会社による事業再生は異なる。もちろん、その再生を手伝ってくれる人への相談料やコンサルティング料は必要になってくるが、その事業再生そのものの

に特別の資金は必要ない。第2会社という新会社での事業資金が必要なだけである。法人というかたちを成していれば、既存の従業員も理解してついてきてくれる。お客さんもついてきてくれる。そして事業を継続していれば、余剰資金も生まれてくる。

経営者自身は、同じように経営者のままというわけにはいかないが、奪われる筋合いのない財産を奪われることもなく、再生・リスタートできる。自己破産ではかなり難しくなる事業再生が、可能になるのである。

詐害行為とはどのようなものか

第2会社による事業再生では、その方法が法的に詐害行為にあたるとして訴えられてしまうケースがある。

詐害行為とは、各種の法律辞典によると、「債務者が債権者を害することを予測して、自己の財産を減少させる法律行為」のことだ。

たとえば、債権者から差押えを受けそうになったので、債務者がほかにめぼしい資産がないにもかかわらず、差押えを免れるため財産を他人に贈与するようなことがある。

第2会社による事業再生と詐害行為

第2会社による事業再生の場合は、債務者である既存会社が、銀行などの債権者の利益を害することを知りながら、既存会社の財産を第2会社に移して減少させるという行為になる。ただし、詐害行為そのものは、債権者が「詐害行為にあたる」と訴え、その取消権を法的に主張したときに初めて成立する。単純に詐害行為にあたるかどうかを当事者間で主張しあう問題でなく、あくまで裁判など法律の場で成立し得るかどうかを争うべき問題である。

これは、実例をもとに説明していこう。地方のある郊外型の温泉施設でのことだ。「株式会社鶴亀（仮称）」という社名の会社の経営者が、公衆浴場、いわゆる銭湯を2店舗経営していた。そのうちの1店舗では温泉を掘削し、「鶴亀温泉」という店名で経営していた。もう一つの銭湯は「鶴亀の湯」という名称だった。

ところが、株式会社鶴亀の経営が振るわなくなり、第2会社を設立して、再生を図ることになった。その第2会社につけた社名が、「株式会社鶴亀温泉」であった。

債権者には伝えることなく行った第2会社による事業再生だが、少し調べれば、一般的な名称であるとはいえ、株式会社鶴亀温泉は株式会社鶴亀がつくった第2会社であるということはすぐに推察できる。

そこで、ある債権者が第2会社の鶴亀温泉に対して「詐害行為にあたる」と裁判に訴えた。そして、裁判では「詐害行為にあたる」という判決が出た。その判決によって、株式会社鶴亀温泉は、株式会社鶴亀の債権者に対して、返済義務を負うということが明確になった。要は株式会社鶴亀が、株式会社鶴亀の債権者が得られたはずの債権を弁済しなければならないことになった。

だが、これは民事の裁判である。裁判所が原告と被告の互いの主張を聞き、出した結論は「株式会社鶴亀の債権者に対して、返済義務を負う」というものではあるが、それが唯一の真実というわけではない。民事裁判だから、裁判所は詐害行為にあたるという判断をしたというだけのことである。

そこで、株式会社鶴亀温泉は、あくまで裁判所が下した結論に過ぎないとして、株式会社鶴亀の債権者に対して一銭も支払わなかった。民事の裁判において、裁判所は判決として結論を示すが、その結論を履行させる強制力はない。裁判所としての答えを明確に示す――、それだけである。

株式会社鶴亀の債権者に対して一銭も支払わないという状況を受けて、株式会社鶴亀の債権者は次の対処策としてどのような行為に出るか。一言でいうと、株式会社鶴亀温泉の預金口座の差押えの手続に入る。

万が一、詐害行為を指摘されても対抗策はある

通常、第2会社による事業再生が詐害行為にあたると指摘されることはない。ただ、まったくゼロかと言われると、そう断言もできない。

ただし、第2会社による事業再生では、その予防策を打っておくのも大切なことだ。たとえば、既存会社、先の例では株式会社長寿の銀行の預金口座からすべての預金を引き出しておくのである。詐害行為にあたると指摘されても、こちらは同意していないのだから。

そのお金が第2会社、この例では株式会社長寿温泉に移転したかどうかは誰も証明できない。おそらく、資金は既存会社から第2会社へと移し替えられたと想定はでききない。

るが、お金には所有者の氏名が書いてあるわけではないから、誰のお金かということは単純には証明できない。

結局、別会社として資金のトンネル会社をつくるような悪意がある場合を除いて、第2会社の事業再生は、きちんとやればやるほどまっとうな行為・再生法となる。これは、通常の倒産からの再建と変わらないことなのだ。

実は株式会社鶴亀温泉は銀行の預金口座に6万円だけ残っていた。その6万円は債権者に差し押えられた。私はそれを聞いたとき、

「6万円は、勉強代だな」

と思った。もちろん、裁判などにはならないほうがよく、既存会社も債権者も、できるだけ裁判に依らないように努力しているはずだ。だが、裁判になり、第2会社はその裁判に負けたとしても、事前に正しく対処していれば大丈夫ということは知っておくべきである。

詐害行為について整理してみる

詐害行為について、ここで整理しておきたい。

既存会社は銀行から融資を受けて事業を行ってきた。そして、既存会社は銀行に返済を行ってきた。第2会社による事業再生は、既存会社の経営が厳しくなったときに有用な設備や従業員を含めて事業を第2会社が買収するのである。

このとき、既存会社と第2会社はその再生の筋道が理解できているわけだが、銀行はそうではない。分かっているのかも知れないし、分かっていないのかも知れない。少なくとも、既存会社・第2会社双方に、銀行に正式に第2会社の設立による事業再生を行っていることを伝えなければならない義務はない。

銀行だっていざ強制差押えを行う時には、債務者に内緒で執行するのだからおあいこである。

このとき、なぜ詐害行為が問題となるかというと、既存会社としては第2会社や移す事業の取引先に対しては、第2会社の設立による事業再生を行っていることを伝えているのだから、そのことを知っている業者と既存会社の間に債権債務関係がある場合、そのことを知らなかった銀行より先に債権の回収を図る可能性がある。この状態にあり、実際に他の債権者が銀行より先に債権の回収を図るような行為を、詐害行為にあたると主張する可能性がある。そのとき、詐害行為にあたるかどうかが問題となるのである。

少し回りくどい説明になってしまったが、第2会社による事業再生での詐害行為とは、このようなことである。

だが、現実の対応では、銀行には伝えていない以上、第2会社の設立による事業再生を行っていることを銀行は知り得ない行為である。だから、詐害行為にあたると問題になったところで、事業の売却後は、他の債務の弁済が確実に相手に対して行われた後であり、銀行は、すなわち別法人の支配下にある財産から返済を求めることはできないのである。

それは、第2会社が同じ事業をしていても同様である。銀行が第2会社に返済を求めるということは、別法人に対して請求していることになる。だから、その第2会社が既存会社の連帯保証をしている場合（そのようなケースはまずないが……）を除いては、あり得ない行為なのである。

詐害行為の判決とは別の対応も

銀行としては、裁判で詐害行為にあたるという判決が出ても、債権が回収できるとは限らない。そこで、別の方法で対応するケースもある。その一つが前述の差押えである。だが、「回収できなければ、他のめぼしい財産を差し押さえる」というのも少し乱暴だとも思う。

そこで銀行は、第2会社にも返済の義務があるということを認めさせるための裁判を起こすことがある。その裁判によって第2会社にも返済の義務があるということが認められれば、その判決によって第2会社の行為が詐害行為にあたると認められるケースはある。そうなると、銀行は第2会社の資金および資産を差し押さえることも不可能ではない。

法的な手続きを考えれば、第2会社による事業再生において、それを知らされなかった銀行側の対抗策はこのようになる。

現実問題として、第2会社による事業再生において、銀行をはじめとした債権者から訴えられるケースは、私の経験上10社に1社あるかないか、100社に2~3社といったところだろう。実務的にも多くの労力とお金がかかり、果たして債権者に対する実利をはじめ、訴訟効果が本当にあるかどうかは疑問だ。

敢えて、極端に開き直ったような言い方をすれば、

「お金を回収するために、たくさんの手間をかけて、しかも債務者をダマしてまで回収する――、それで本当にいいのか」

ということである。

ＦＣ事業の場合の再生への対処法

私の場合、第２会社については、前述のとおり銀行には伝えずに進めた。

しかし、ＦＣ事業を運営していたこともあり、順次、ＦＣ本部に連絡して回った。

この点は、ＦＣ事業特有の面もあるので、ここで敢えて触れておきたい。

ＦＣ本部への連絡では、ほとんどのＦＣ本部も理解を示してくれた。第２会社に事業を移すことで、ＦＣ本部に新たな債務が発生することも、回収しにくい債権が発生することもないからだ。

これまでのFC店としての実績があれば認めてくれる

ただ、第2会社を設立する少し前から既存会社がFC事業を展開していた紅虎餃子房とサーティワンアイスクリームのFC本部は、少し難色を示した。特にサーティワンアイスクリーム本部は、自社に何か悪影響があるのではないか、と慎重に対応の可否を検討したようだ。おそらく、既存会社とのFC契約の期間がまだ浅いために、単純に用心したのだろう。

たしかに、既存会社の業績が順調であれば、FC本部に連絡して回るような対応をとる必要はないのかもしれない。だが、既存会社では明らかに資金繰りは厳しくなっていたのだから、第2会社による事業再生の方法を選択したのだ。前述の詐害行為の点からいえば、実際はなかったのだが、FC本部が債権者から差し押さえを受けるなどのことはなかったことから、結果、第2会社を設立して半年ほどが経ち、最終的には最初は訝しんだFC本部も認めてくれた。

その実態を思うとき、第2会社による事業再生は、事実を見据えたうえで粛々と進めるのが良い、とあらためて感じる。得意先には、ごく自然体で、

「今後は、新しい会社とお取引をお願いします」

といったことを伝えればよい。もちろん、見込みのある事業を第2会社が買収した後は、財務体質をスリムにして再生することができる。そして、従業員も取引先も理解してくれれば、特段のトラブルも起こりようがない。

どのような再生・整理でも、課題はあるもの

昨今、都会でも地方でも多くの企業で、銀行やコンサルタントを経由して、

「この事業を買いませんか」

「この事業を売りませんか」

など、さまざまなM&Aの案件が持ち込まれるものだ。その案件を進めれば、表面上は第2会社による事業再生と何ら変わるところはない。もちろん、その対応の思惑と債権者によっては、

「利益隠しじゃないか」

「トンネル会社だろ」

「詐害行為だ」

などと言い出すことはないとは言い切れないが、第2会社が意図するか否かは別にして、一般論としてはあり得ることではある。

第2会社による事業再生は、中小企業にとって最も確実な手法

再生・整理には困難がつきまとう。それは、どのような再生の方法を選択しても、また整理の方法をとったとしても起こり得ることだ。なぜなら、再生や整理というものは、これまでの債権債務をいったんは〝チャラ〟にして取り組まざるを得ないものだからである。

このことを詐欺まがいの行為ではないかと思う人がいるかもしれない。だが、資本主義経済のもとで企業経営をしている経営者であれば理解できているはずだ。個人ではない法人の行為によって生じた債権債務関係をリセットしてリスタートすることが、事業再生ということなのである。

あなたの取引銀行に、こんな対応はないだろうか。資金繰りが厳しくなった企業の

経営者に事業の再生を勧め、有力な資産である事業の売却を勧めることによって自行の借入金比率を下げて、再スタートすればよいと勧める。そうやって事業と経営者の再生を勧めることでカムフラージュして、結局、少しでも多くの債権回収を図る。それで本当に再生できればよいのだが、多くは経営者の力不足と言われてつぶされてしまう。

そんな対応を勧められていると感じたら、銀行の勧めるプランより、第２会社による事業再生を図るべきだ。銀行が勧める再生よりは、確実に再生が実現できる。

私が第２会社事業再生で助けられたこと

２００８年10月初旬、みちのく銀行の次長に挨拶に行った際に、次長から、

「社長、会社の資金繰りは大丈夫？」

と言われ、ムカついた。

8月から9月一杯まで毎週資金状況を報告しに行ったついでに、

「10月は資金ショートしますので、融資を含めた対応をお願いします」

とお願いして来たのに、

「社長、資金繰りは大丈夫？」

は無いだろうと思った。

と同時に、銀行は弊社を助けるつもりが、これっぽっちも無いことを感じた。第2会社を設立して準備していなければ怒り心頭の状態になったろう。

第2会社を準備していたからこそ冷静でいられたと思う。

銀行を後にした私はすぐH氏に電話した。

「銀行は弊社を助けるつもりは全くありませんね。Aプランで行きましょう」

と言って、即準備にかかった。

会社は設立してあるのだから、次に新会社に持っていく事業部の選定に入った。集中的に選択を行い、本社から遠く離れている赤字の事業部や赤字店舗は閉鎖か売却することにした。これでかなり店舗管理の効率を測ることが出来た。

また幹部従業員にはあらかた第2会社のスキームを説明した。そのとき経理担当から「銀行と手を切って復活した会社なんかありませんよ」という怒号が上がった。

それに対し、何れにしてもH先生が指導してくれるということだからついて行くことにした、と厳命した。従業員も不安だらけだったのだろうが、社長が先生について行くと言い切ったのだから、不安を感じながらでもついてきてくれたのだろうと思う。

それからは、新会社に譲渡するキャッシュフローで問題の無い事業部を選定して準備を進めた。取引先の選定整理も行った。それが決まると本部に新会社への移行の説明に伺って、了承を得た。多くの本部は協力的だったが、サーティワンアイスクリーム本部と紅虎餃子房の本部はかなり難色を示した。

そうなるとどうなるかと言うと、この2事業部の店舗は旧会社の事業部と言うことになり、債権者からの差押えのリスクが高まったり、売上だけではなく、大家に預けてある保証金や本部に預けてある保証金も差押えの対象になってくるのである。一刻も早く移動したいのに結局6か月も承認まで掛かってしまった。幸いにして債権者からの差押えはなかったのでホッとした。

その間、準備が整い次第、メイン銀行から順番に事業が継続できない旨を説明し、今後の返済は一切出来ないことを伝える。メイン銀行の担当次長からは、「そんな話は聞いてない！」と怒鳴られた。こちらは「昨夜深夜まで協議して、やっと決まった事項なんだ。そしてメイン銀行に誠意を示して真っ先に報告に来たんじゃないか。その誠意を認めないのか！」とこちらも怒鳴りつけた。その後、30分程、担当次長とH氏との話し合い（喧嘩？）が続いたので、私が割って入った。

するると、次長が私に言った。

「社長、本気ですか？」

「本気だよ」

と答えると、次長がポッツと呟いた。

「ベストだと思います」

我が耳を疑った。

「ベストだと思う？」

と次長に確認した。

「そう思います」

と答えた。

これにもムカッと来たが、最初から助ける気も無く債権回収しやがって、と思ったが笑って、

「じゃぁ、去年からプロジェクトを進めて来たんだから、最初からそう言ってくれればいいじゃない」

と言った。すると今度は、

「だって社長が事業を続けたいって言っているのに、そんな提案は出来ませんよ」

と答えた。

考えてみればそうかも知れないと思った。

ひと通り銀行への挨拶が終わって帰社した。

支店長も人間だなと思った。黙って話を聞いている支店長や担当者が大半であるが、ある支店長は「今後の返済は無理」と聞くとびっくりした顔をして、その瞬間から身体をはすに向けて足を組みながら、とっとと帰ってくれという態度に変わった。その後も経過説明のために2度程行ったが、その度に「来なくてもいいよ」的な対応だった。

本部以外の取引先や大家さんは、比較的スムーズに契約書を交わしてくれて新会社との取引を開始してくれた。銀行からは請求書が届くのみである。一定期間が過ぎると今後は期限付きの請求書が来るが、これは債権者が支払督促裁判を打つぞと言うシグナルである。別に裁判になったからといって出廷しなくてもよい。出廷したとしても債務者の言い分は100%聞き入れてもらえない。判決は借りている事実が判明すれば「債権額は×××万円ですよ」という確定判決が出るのである。その判決書類で、債権者は債務者の土地建物、銀行口座等の差押えを行なって行くということになるのだ。

　幸いにして銀行口座の差押えは判決後であるから、判決が出たら、（もっと用意周到な人は裁判が始まったら）会社の口座や個人口座から資金を引き出しておけば差押えを回避できるのである。

　債権者が煩わしいのは大体半年程で、債権は銀行から債権回収会社（サービサー）に安値で売却されて行く。サービサーも相手をすると結構煩わしいので無視すれば良い。サービサーは、債権は持っているが、よくよく考えればお金を借りている訳ではない。こちらはお金を借りていないのだから、相手にしなければ良いのだ。

　既存会社から新会社に事業を譲渡する際、困った問題が一つ出て来た。常務がリース会社出身であったため、リース会社と色々協議をしたのだろう。私に報告もなく債権の手形を降り出していたのだ。この手形が不渡りになれば大変だとリース会社と交渉する。手形買取価格は額面の10％で交渉したが、どこも応じない。新会社は外食がメインの現金商売だ。しばらくリース会社の世話にもならない。不渡りが出ると銀行が一般向けにコメントを出し、新聞沙汰になる。それだけは避けたかったが、仕方がないと思った。

一年程して自宅が競売に出された。買い戻しをしようと2回程、H氏とみちのく銀行に行って交渉したがダメだった。

H氏曰く、「長谷川さんがあまりに気の毒だから、私が買い戻して住まわせてあげようと思っているんですけど、金額はおいくらくらいですか？」

つまり、「抵当権を外すのにいくらで外してもらえますか？」と担当者に聞いたのだ。

競売基準価格は380万円強であった。

債権担当者（住宅ローン担当者？）は言った。

「残金を払って頂ければ、いつでも外しますよ」

住宅ローンの残金は、1200万円程だった。私はこの時、心底からふざけるな、と思い、

「H先生が私のことを本当に心配して買おうと言っているのだ。債務者でもない第三者が、なぜ残金を払って抵当権を解除しなければならないんだ！」

と声を荒げ、強い口調で文句を言って銀行をあとにした。私はこのとき、銀行は義理も人情もないのだとつくづく思い知った。

入札には参加したが、30万円の価格差で取られてしまった。今でも勿体なかったと

思っている。既存会社が事務所として使っていた土地建物も競売に掛かり、落札されてしまった。ここは最低価格が3千万円でとても無理だと思っていたのだが、今になって考えると競売基準価格は3千万円だが、通常価格では6~7千万円なのだから、無理してでも落札しておけば良かったかなと思っている。

その後、債権者であるサービサーからは連絡があったものの、こちらからは相手にしなかったため、大した問題にはならなかった。既存会社も、個人保証している私自身も、資産も資金も一切無いのだからサービサーにしても攻撃のしようがない、ということか。幸いにして第2会社である新会社は、債権者からは攻撃されることなく、時が過ぎ去って行った。こうして、新会社の12店舗は、順調に営業を続けて行ったのである。

元を正せば、債権者問題ではなく、内部の事情が原因でいろいろと面倒な問題が起こり、そして今現在の私は、事業再生コンサルタントに専念するために、それまで育ててきた多くの店舗を整理して外食事業からはすべて手を引いている。そして、新しい第二会社でコンサルビジネスをやっているのである。

第2会社を使って自力で事業再生するポイント

第3章

債権者と債務者の〝力関係〟を整理する

ここでは、私自身が行った第2会社による事業再生の取り組みを少し離れ、より一般的に第2会社による事業再生のしくみを考えてみたい。

まず、【図表1】の貸金の回収における「債権者と債務者の力関係」である。図の矢印を追いながら、事業資金における債権者と債務者がどのような関係にあるのかを改めてたどっていただきたい。

【図表1】

債権者と債務者の力関係

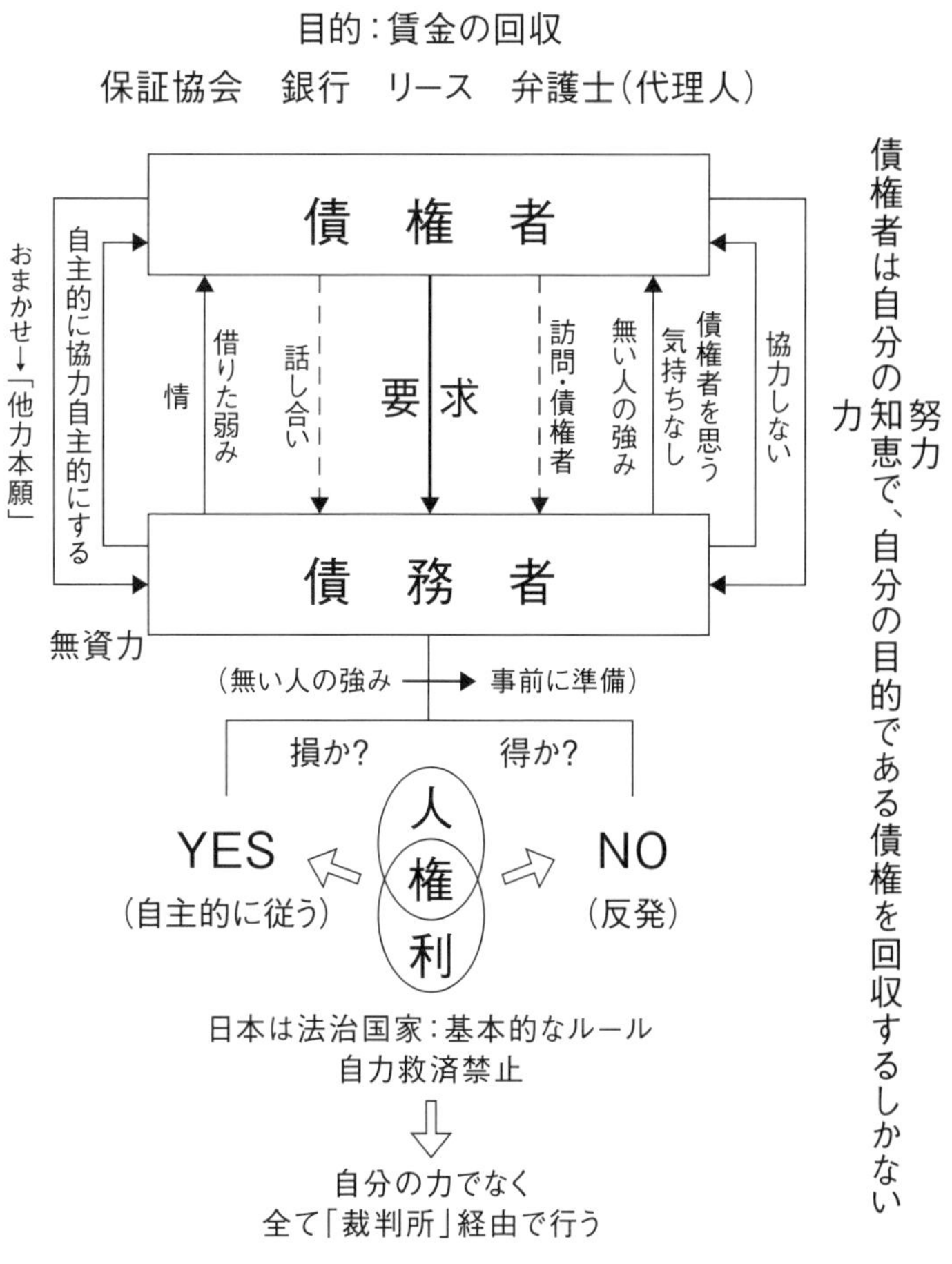

©nobuaki hamada

対等だからこそ、できる対応がある

ここで重要なのは、「債権者と債務者は対等である」ということである。確かに債権者は債務者に返済を要求する。しかし、その要求に自主的に協力するか、協力しないかは債務者の判断による。多くの人が債務者には「判断の余地がない」と考えているが、本来の判断は債務者と債権者のもともとの関係や資金の内容、それぞれの意思によって決まる面があるのだ。

この点は間違えないでほしい。これまでは債権者側に圧倒的な力があることを前提として、経済が成り立っているように思っていたはずだ。「借りた金は返さなくてはならない」ということである。その固定観念が結果的に経済の停滞を生んでいた面があるのである。

ところが、対等の関係を前提とすると、返済する場合と返済できない場合、それぞれの対応が俄然、大きな意味合いをもってくる。債務者が自主的に返済できるのであれば、着実な回収が見込める。ところが、債権者の要求に対して協力できない場合、債権者はまず、自分の努力や知恵、力を駆使して債権を回収するほかない。そして、その方法は法的にも整備されている。このことを債権者も債務者も正しく理解しておく必要があるのではないだろうか。

もちろん、債権者と債務者のうち、どちらが本当に困っているかといった心情的な面は無視できない。債務者は開き直ると「借りた金は返さなくてもいい」と思いがちだが、私は安易にそんなことを言うつもりはまったくない。やはり本当に困っているのは債権者であり、債務者がそのことを心の底から理解していることが前提となっているのである。

返済に窮したときの解決方法を1つに絞らない

債権者と債務者の力関係については、ご理解いただけたと思う。

では、次に債務者が事業資金の返済に窮したときの解決の方法である【図表2】。

この図は倒産法制などとは関係なく、「返済に窮したときに債務者が選択し得る対応」を軸にまとめたものである。

【図表2】

債務問題の解決を目指して

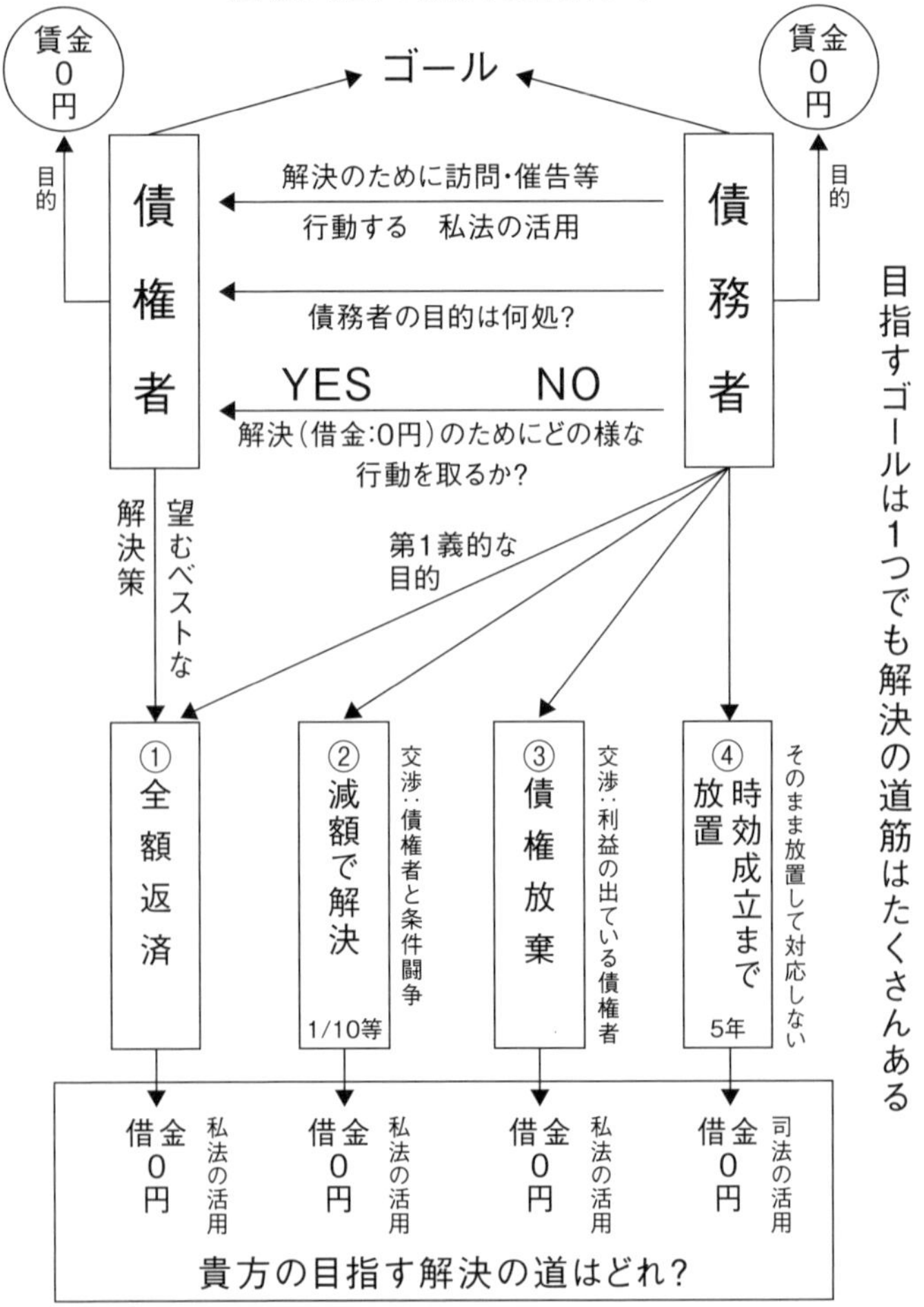

４つの解決方法の選択をするほかはない

この図に見るように、債務者がどうやっても返済できないようになったとき、実は選択し得る解決策は、

①何が何でも全額返済する
②債務を減額することで解決を図る
③債権者が債権を放棄することで解決を図る
④時効が成立するまで放置する

しかない。この点は、債務者も債権者もよく覚えておいてほしい。どのようなテクニックを弄しても、結局、この４つのいずれか、またその組合せに収斂されるのである。このことは、冒頭に述べた法的整理でも私的整理でも結局は同じである。

では、どの方法を選ぶか。その選択権は実は債権者にはない。債権者としては全額返済を望むだろうが、選ぶのは債務者である。もちろん、第一義的には全額返済を選ぶだろうが、選べない状況にある場合、他の方法から選ぶほかない。

これを、解決の道は限られていると考えるか、それとも選択肢は４つもあると考えるかは、それぞれの債権債務の内訳、債権者・債務者の考え方によって異なる。だが、

図のようにメニューとして提示されないと、人はついつい細かなテクニックに走ってしまいがちである。この点も留意しておきたいことだ。

そこで大切なことは、選んだ手法をとことん探究することである。一口に減額することで解決を図るといっても、債権者との条件交渉もあり、減額した場合の税務的な処理の問題も発生する。選んだ手法によって「具体的にどのように行えば債権者と債務者がより納得できるか」を突き詰めて考えるようにしたい。

国が進める第2会社方式とは？

第1章、第2章では、私が事業再生コンサルタントの指導を受けながら実践した、自分なりの「第2会社方式による事業再生」について述べた。それは、私や指導してくれたコンサルタントが自分の判断だけで行っていることではなく、国（中小企業庁）が20年以上前から認めている制度である。

では、中小企業庁はどのようなスキームでこの方式を組み立て、進めているのだろうか。私の取り組みを補足する意味で、中小企業庁が発行する『中小企業施策利用ガイドブック』（平成30年度版）などを要約しつつ触れておきたい。

「第2会社方式による事業再生に関する支援」の概要

中小企業庁では、中小企業の事業再生の円滑化を目的として、「第2会社方式」により再生を図る中小企業を支援している。支援を受けるには、産業活力の再生や産業活動の革新に関する特別措置法にもとづいた「中小企業事業承継再生計画」の認定を受けることが必要だ。

その認定によって、営業上必要な許認可等を承継できる特例のほか、税負担の軽減措置、また金融支援を受けることができる、としている。

ここでいう第2会社方式の定義は、次のようになっている。

「過剰債務などにより財務状況が悪化している中小企業の収益性のある事業を会社分割や事業譲渡により切り離し、他の事業者（第2会社）に承継させ、また不採算部門は旧会社（本書でいう既存会社のこと）に残し、その後、旧会社は特別清算などを行う事業再生手法」

対象となるのは、次に該当する中小企業である。

「過大な債務を抱えていることなどにより財務状況が悪化し、事業の継続が困難となっているものの、収益性のある事業を有している中小企業」

また、支援内容としては、次の3項目を挙げている。

①営業上必要な許認可などの承継

「第2会社が営業上の許認可を再取得する必要がある場合には、旧会社が保有していた事業に係る許認可を第2会社が承継できる」としている。

その承継の対象となる許認可としては、

- 旅館営業の許可
- 一般建設業の許可と特定建設業の許可
- 一般旅客自動車運送事業の許可（バス・タクシー）
- 一般貨物自動車運送事業の許可（トラック）
- 火薬類の製造の許可・火薬類の販売営業の許可
- 一般ガス事業の許可・簡易ガス事業の許可
- 熱供給事業の許可

このほかにも、「食品衛生法、酒税法、自然公園法の許認可審査が円滑になる」としている。

②税負担の軽減措置

「第2会社を設立した場合などの登記に係る登録免許税、第2会社に不動産を移転した場合に課される登録免許税や不動産取得税が一定の割合で軽減される」としている。

③金融支援

「第2会社が必要とする事業を取得するための対価や設備資金など、新規の資金調達が必要な場合には、次の3つの金融支援を受けることができる」としている。

・日本政策金融公庫の特別融資

設備資金及び運転資金について、長期固定金利で融資が受けられる

・信用保証の特例（第2会社が新設会社の場合）

普通保険、無担保保険、特別小口保険に、同額の別枠を設けることができる

・中小企業投資育成株式会社法の特例

設立の際に発行される株式の引き受けなどの支援を受けることができる

なお、金融支援を受けるためには、「各関係機関等による別途審査が必要になる」

としている。

発足から約20年、もちろん制度の詳細は変わっているかもしれないが、基本は変わらない。中小企業が有効に使える事業再生の手法なのである。

実務的な第2会社のしくみ

前項の国の施策を踏まえ、実務的に第2会社のしくみを説明していこう。

第2会社と既存会社。この両者の本社が同じ場所にあり、代表者も同じ人物だったとする。これは、普通の会社が資金を環流させるための別会社を設立したのと同じような扱いを受ける。実際にその別会社に売上を移して資金を環流させていれば、既存会社は利益隠しだと訴えられても反論はできない。

既存会社にその意思はなくても、訴えられて裁判所が利益隠しだと判断すれば、それは利益隠し以外の何ものでもなくなる。

社長は別人物、本社は他所がよい

ところが、同じ事業をしていたとしても、社長は別の人物、本社も別の場所となれば、その社長が既存会社の事業を買い取って営んでいるという判断ができる。利益隠しとはまったく異なる形態なのである。いわば取引銀行の関知しない状態で、M&Aが行われたのと同じことなのだ。

ただ、現実問題として、高齢の経営者の場合は、息子・娘は経営にまったくノータッチであり、同じように高齢の妻にも負担はかけられない、すなわち、

「代わりに経営をやってくれる人材はいない」

という経営者も多い。むしろ、数としてはそのほうが多いのではないだろうか。

そういう場合は、第2会社の代表者は同じ氏名でもしかたがないが、社名や本社所在地は既存会社とまったく関わりのないものとする必要があるだろう。

国が認める第2会社による事業再生との違いはここ

大阪で、第2会社による事業再生のセミナーを実施したときのことだ。銀行出身の事業再生コンサルタントが出席していた。せっかくなので、銀行の内実をいろいろと聞いてみた。そしてやはり、

「私の思ってきたこと、コンサルタントとして伝えてきたことは正しい」

と率直に感じた。

その人は銀行マン当時、回収業務を担当していた。そして銀行としては、

「返せない人間は犯罪人と思え」

とばかりに、詐欺まがいの回収テクニックを駆使していた。銀行はきっと相手が犯罪人なら、どんなことをしてもかまわないとでも思っていたのだろう。その人は銀行の対応に嫌気がさし、むしろ、

「改めるところは改めるべきだと考え、自分の経験を反面教師として活かして、事業再生コンサルタントの道を歩んでいる」

と語っていた。

第2会社による事業再生は、前述のように国が認めている事業再生の手法の一つで

ある。その手法は銀行側から見れば、銀行の立場が十分には反映されず、不愉快に思うケースがないわけではないだろう。だが、前述のように、

「返せない人間は犯罪人と思え」

とばかりに強気の回収を図る実態も事実だ。私は国に認められた手法をアレンジして、実際に返済に窮した会社の事業再生のコンサルティングを行っている。

だが、ただ一つだけ、国が認めた仕組みと異なるところがある。それは、

中小企業庁のホームページ上では、第2会社による事業再生を行う際は、取引金融機関と相談のうえ行ってください、というように説明されているが、実際には利益の相反する金融機関と話を詰めようとしても、物事が進まない場合が多い。従って金融機関と相談せずに第2会社事業再生を行っているのが実情である。

私の場合は、銀行の理不尽な回収姿勢に憤りを覚えたこともあって、

「銀行には相談せずに取り組みましょう」

ということを基本としている。この点が大きく異なる。

なぜなら、銀行に第2会社による事業再生について相談をしたら、まず拒否されるか、そうとうに嫌な顔をされる。それが分かっているからだ。

「銀行の返済はできません。しかし、再生は進めます！」

と告げると、よほどそうしたほうが都合のよい銀行でもない限り、こちらの申し出を承諾するはずがない。それは火を見るより明らかだ。

もちろん、銀行の理不尽ともいえる回収があると、再生が覚束ないという現実もある。お金を借りておいて「その対応は銀行への逆恨みだ」という意見もあるが、そうではないことは前述したとおりである。国（中小企業庁）も、

「第2会社方式とは、過剰債務などにより財務状況が悪化している中小企業の収益性のある事業を会社分割や事業譲渡により切り離し、他の事業者（第2会社）に承継させ、また不採算部門は旧会社に残し、その後旧会社は特別清算などを行う事業再生手法」

であると端的に表現している。それを私はクライアントと銀行に分かりやすく説明しているだけである。

元の会社はどのようにしておくのが適切か

第2会社による事業再生では、新しく設立する第2会社のほうに目が行きがちで、既存会社のほうはともすると放ったらかしになりがちだ。しかるべき時期に私的整理をすればよいと多くの人が考えている。実態として、ヒト、モノ、カネ、情報といった経営資源は第2会社に移っているので、それはいたしかたないことかもしれない。

だが、そのままにしておくとさまざまな請求がきたり、場合によってはお金が振り込まれたりする可能性がある。

すると、経営者としては第2会社による事業再生を行っているつもりでも、既存会社のほうに少額ながら債権債務関係が発生することもある。それは、既存会社に未払金があるときのほか、税務署からの納税の督促、還付金の振込み、年金事務所からの社会保険料の未納分の請求などである。このような請求・支払いの手続きの相手は第2会社ではなく、既存会社となる。

既存会社は清算し、法人登記簿は閉鎖したほうがいい

さまざまな請求が届くことなどを考慮すると、既存会社は第2会社に事業を移した

時点で清算し、いわば私的整理をしたうえで、その謄本を閉鎖したほうがいい。必ずしなければならないわけではないが、既存会社の私的整理手続きをとったほうが、いわばゼロからの再生という気持ちになる。

そもそも既存会社の代表者である経営者は、主たる債権者である銀行に対して、「会社を清算します。事業をまったく継続できないので資金はありません。債務を返済したいのですが、その原資がないので、申し訳ありませんが返済できません」といったことを伝えているのである。そのとき、既存会社の整理手続きにまったく手をつけていないとなると、債権者には既存会社の利益隠しではないかという疑念が生まれてくる。少なくとも、債権者による時効の中断の措置は取り得ることになる。

債権者は、もぬけのカラになった既存会社からは何も回収できない。そうなると、第2会社から何とか回収できないかと考える。しかし、既存会社と第2会社はあくまで別法人であり、第2会社から債権を回収することはできない。このことにより、第2会社の継続は可能になるのである。

閉鎖した年の決算と申告は？

細かなことになるが、法人登記が閉鎖されていない場合は、金額にかかわらず税務申告を求められる場合がある。

税金や社会保険料。それらの租税公課にはもちろん納税義務があり、支払い義務がある。破綻した会社の債務について、どのような弁済優先順位があるかということも理解しているはずだ。だが、事業を営んでおらず、何もない既存会社にその義務を求められても無理なことだ。

そのとき登記簿謄本上、既存会社が生きていれば、債権者としては、

「お金をどこかに隠しているのでは？」

という疑いの気持ちにもなる。その部分で理解してもらわないと、話が長引くことは避けられない。

この点で、第2会社方式を利用する経営者に理解していただきたいことがある。それは税金や社会保険料といったものは連帯保証をとらないということである。連帯保証をとらないからこそ優先的に弁済しなければならず、一方で、支払い能力がなければ弁済のしようがないということでもある。

この点からすると、債権債務において話がこじれる、もしくは長引く可能性があるのは、既存会社の社長の個人保証という連帯保証人がある債務、すなわち金融機関か

らの法人の借入れということになる。この対策をしっかりとっておく必要がある。その対策が、「取引銀行には、あえて何も伝えない」ということなのだ。既存会社と関わりのないところで第２会社をつくるのは、そのためでもある。

第２会社の社長にふさわしい資質とは何か？

第２会社の社長になる人は、前述のとおり既存会社の社長ではなく、信頼の置ける第三者がもっともふさわしい。できれば、社長本人はもちろん社長の子息が第２会社の社長になるのも避けたほうがよい。

だが、絶対にダメというものではない。実際に、社長の子息が第２会社の社長に就任し、事業が軌道に乗っている例もある。

本当に社長の器であるかを検討する

では、なぜ避けたほうがいいのか。一般に、社長が自分の子息に新しい会社の社長をやらせてもいいと考えるのは、子息が若くても20代後半くらいからだろう。ただ、その年代では、やる気はあってもビジネス社会を知らな過ぎる。勇み足でつまずいてしまう可能性も大きい。

実情としては、既存会社の社長が、自分が第2会社の社長になれない代わりに子息が第2会社の社長になるケースはある。また、子どものほうも、親を助けたいという思いから第2会社の社長になるケースもある。すると、実際は表向き社長の子息が第2会社の社長になり、実質的には親が経営のアドバイスをし、意思決定をしているケースとなる。

良いとか良くないとかは一概に言えないが、少し留意しておきたいことがある。それは既存会社の社長が自分の子息を第2会社の社長にするというのは、他人を信頼できない、もしくは信頼できる他人との付き合いがない、というところから来るのではないかということだ。そうだとしたら、第2会社を設立したといっても、考え方を180度変えるといったことはむずかしいだろう。同じ事業をしても、同じやり方が良いというわけではない。だからこそ、「同じことでつまずくのではないか」というリスクを抱えての第2会社のスタートであることは留意しておくべきだ。

本来は、子息が第2会社の社長に就任したら、4〜5年かけて新社長を育てるつもりで教育し、新社長は社長としての親の学ぶべきところを学び、一人前になっていくというのが理想だ。そのとき、既存会社の社長、すなわち親は子息の経営についてアドバイスできる会長、顧問、相談役といった立場に回る。

特に、子息には手堅く事業を営むことを学んでもらうべきだ。将来は自分の経営観をもって事業に取り組むことになるだろうが、事を急ぎ過ぎても足元をすくわれるだけだ。特に新規融資を受ける段階まで、すなわち、3〜4年は手堅く事業を営めていること、すなわち堅実に黒字を出し続けていることが、銀行の審査基準でも問われる。

なお、「手堅く堅実な」ということを指標で示すと、第2会社の利益率は既存会社より高くなければならない。単純に言うと、第2会社には債権・債務がないからである。子息が第2会社の社長になって、その利益率を維持できないとすれば、どこかに新社長の若気の至り、〝放漫の芽〟があると警戒したほうがよい。

信用できる人物を第2会社の社長にする手続き

普通のオーナー企業にとって、第2会社を設立するといっても、それにふさわしい代表者が周囲に見当たらないケースも多いことから、配偶者にその任を任せることもある。また、子どもは既に独り立ちして、しっかりとした仕事についているケースも多いだろう。さらに、社長に子供がいない場合や、社長自身が独身である場合もある。さらには、親族、また古くからの親友や仕事仲間であっても、第2会社の社長就任は頼みにくい、ということもあるだろう。

こうした事情から、実際には相談に乗ってくれている事業再生コンサルタントに頼むこともある。

事業再生コンサルタントは既存会社の〝クローザー〟

その場合、実務的にはまず第2会社を設立する前段階で、既存会社との間でコンサルティング契約を結ぶ事業再生コンサルタントは、クローザーとして閉鎖する既存会社の経営を締めくくり、齟齬のないようにたたむことが多い。

既存会社とコンサルタントの間でコンサルティング契約を結んだ場合、コンサルティング契約は、当然ながら既存会社を閉鎖した時点で消滅する。既存会社としては顧問料などの支払い能力がないばかりか、支払い義務もなくなるからである。

では、既存会社の社長は結局、どうなるか。前述のとおり、絶対に第2会社の経営に関わってはならないということはない。だが、経営の一線からは身を退く形をとった方がいいだろう。なぜなら、第2会社が融資を受けるにあたって、金融機関側は貸しにくい、第2会社としては逆に借りにくいからだ。

どうしても経営を手放したくない場合、会長や顧問という立場になり、数年後、第2会社が軌道に乗った段階で〝再登板〟する方法はあり得る。

腹心に裏切られることも……

教訓をお伝えしよう。ある会社が第2会社を設立して、事業再生に取り組んだ。その会社の社長には〝腹心〟と呼べる専務がいた。その専務が第2会社の社長に就任することになった。私はコンサルタントの立場で、本当は既存会社の社長の奥さんが適任だと思っていたが、専務本人もやる気になっていた。

ところが、従業員を移し、事業を移したところで、第2会社の社長となった専務の態度が豹変した。既存会社の社長をまったく無視し始めたのである。既存会社の社長としては完全に裏切られたわけだが、すでに第2会社に対しては何も言えない立場となっていた。これでは、第2会社による事業再生ではなく、第2会社による事業の乗っ取り、悪意あるMBO（マネジメント・バイ・アウト＝第三者役員による買収）である。

腹心の裏切りと言えばそれまでのことだが、第2会社による事業再生では、このようなリスクがないわけではないことも覚えておきたい。

乗っ取りは紳士の顔でやってくる

乗っ取りに遭うリスクは、事業売却より、むしろ株主の構成で顕在化する。第2会社を設立するとき、既存会社の経営者が第2会社の株式を所有していた場合、会計事務所は詐害行為を恐れるあまり、債務者に対して株主から外れるよう求めるケースがある。既存会社の社長としては、この際に乗っ取りを用心しておくべきだ。

そこで大事なのは、関係者同士がしっかりと話し合って、納得して第2会社による事業再生を勧めるということに尽きる。

従業員・取引先にも伝え方を工夫する

第2会社に事業を移すとき、従業員にはどう説明するか、また、取引先にはどのように伝えるか。こうした実務的な面は、企業規模や企業体質によって若干の違いがある。従業員に対しては、全従業員を集めて一斉に伝えるケースもあれば、個別に従業員と面談して伝えるケースもあるだろう。

従業員に選択権があることを忘れない

一般的には、幹部には十分に説明し、一般社員やパート・アルバイトには、それぞれの状況に応じて分かりやすく説明するのが現実的だろう。

一方、幹部には第2会社の設立に至る背景や既存会社の処理のしかた、事業としてめざしてほしいことなど詳細に説明する。

幹部も一般社員のパート・アルバイトもすべて、話したうえでの選択権は相手、すなわち従業員側にある。人によっては通勤場所を変わることができず、退職を申し出るケースもあるだろう。

選択権は従業員の側にあるといっても、解雇に該当するケースがまったくないわけではない。既存会社はたたむことになるので、その場合はいわゆる〝解雇法理〟に則して違反のないように対処するほかない。

取引先には、ビジネス文書として出す

なお、選択権は相手にあるというのは、取引先についても同様である。私の場合は前述のとおりFC本部に理解を示してもらう必要があったため、それぞれのFC本部に出向いて説明した。だが、一般的かつ現実的には、仕入先や販売先に第2会社について詳細を説明する必要はないだろう。具体的には、

「これまでの事業に関しては、別会社でやることになりました」

この程度の説明で十分であることが多い。入金や支払いの口座が変わる、くらいに受けとめてもらえることが多いものだ。

ただ仕入先によっては、まれに仕入先への入金が別の会社になるということで、あらためて第2会社の信用調査をするケースがある。それは、仕入先の都合でもあり、既存会社としては甘んじて受けるほかない。

また、大手と取引のある会社もあるだろう。第2会社への取引の移行について、「今この大変な経済状況下、わが社の事業が生き残っていくために、新体制を発足させました」

「かねてより専務を任せていました息子が、今般、新会社の社長に就任することになり、つきましてはお取引先さまとの取引を新会社に任せることにいたしました。弊社事業の発展は、ひとえにお取引先さまのご愛顧の賜物と日々感じております。引続きのご鞭撻をよろしくお願い申し上げます」

といった文書を出すケースもある。ほとんどの取引先が、

「了解しました。引続きよろしくお願いします」

と連絡してくれるが、ごくまれに、そうした文書を受け取ると事情説明を求め、

「一応、社内稟議にかけておかないと……」

と、考える取引先もある。その場合は、その取引先の対応に従うほかない。ただし、社内稟議に諮る以上、数か月は対応が決まらないケースもあるだろう。それも覚悟するほかない。

かつて、ある会社の取引先に財務に強い役員がいて、

「これは返済を棚上げするために、事業を別の会社に移すのではないか？」

と、ズバリ見抜いたケースがあった。そのときは、

「いえ、違います。あくまで新体制への移行という前向きな目標をめざして取り組んでいます」

ということで押し通した。あくまでこれまでの経験論ではあるが、たとえ相手はいろいろと詮索はしても、こちらの前向きな姿勢を感じ取ってくれるものだ。

要は、大人の会話で対処するという訳だ。

第2会社を成長させるためのポイント

これまで、「第2会社には既存会社の設備も従業員も取引先も移す」と説明してきた。だが、第2会社による再生を成功させるには、設備も従業員も取引先も、より厳選しなければならない。

すべて丸ごと移して、同じように経営して、いわば本社所在地と代表者が変わっただけで〝そのまま〟の経営をしていて、成功が約束されるほど経営は甘くはない。

キャッシュフローを見極める

第2会社に移行する事業の選別は、まず、資金の流れであるキャッシュフローの問題がない事業を選ぶ。既存会社の事業の柱ではなくても、現在、キャッシュフローが順調であれば、それは〝育てる事業〟として第2会社に移すべきである。

キャッシュフローに問題がないということは、言い換えると「キャッシュアウトにならない」ということである。その事業での売上は確実に利益になる。そして、その利益から第2会社の従業員の給料や仕入の支払いもまかなえるということになる。

一方で、赤字の事業は思い切って切り捨てなければならない。既存会社では根幹をなす本業であった事業でも、赤字であれば切り捨てる覚悟が必要だ。あるいは、大ナタを振るうリストラが必要な場合もある。

ところで昨今は、分割された事業を買う、いわゆる「M&A」というものも一般的になってきた。誰も相手にしない事業は別だが、赤字であってもやりようによっては黒字転換できる場合もあり得る。黒字に転換できなかったのは、〝自社のやり方がよくなかった〟からだという判断だ。そういった事業の買い手が現れるケースがあることも知っておいてよいだろう。

第2会社に移す従業員の選別も必要だ

事業を選別するということは、その事業に携わる従業員も選別するということになる。この点は、正直なところ一筋縄では解決できない。法的に捉えれば、従業員は既存会社に雇われた従業員であり、第2会社にその従業員をすべて引き受ける義務などない。第2会社として必要と思う従業員を、選別して引き受けるというのが筋だ。そのことを前提として、解雇法理に抵触しない対応をしていくことが大切だ。

銀行から新規融資が出ない、ということは、端的には銀行から捨てられたということである。このことを直視すれば、既存会社としては銀行を捨ててもかまわないという覚悟が必要である。同じ覚悟をもって、銀行に頼らずともやっていける事業を選別して第2会社に譲渡し、その経営を第2会社の経営者に委ね、人員も取引先も厳選して受け入れることが大切である。

「上に政策あれば、下に対策あり」である。

日本と西洋のビジネス・資産への考え方の違い

事業を再生するためには、これまで以上に事業に対して厳しい目で見ていくことも必要だ。そのとき、日本におけるビジネスや資産への考え方が独特であり、米国やヨーロッパなどの欧米諸国とは、まったく逆の考え方をしていることに関心を寄せる必要もある。

どんなビジネスを行おうが、国民・個人を守るというのが、欧米先進諸国のスタイルである。だから、ビジネスの厳しさにかかわらず、ビジネスのために個人の預金は絶対に抵当を付けることはなく、担保にもしない。個人とビジネスは別のものであると考える。

たとえば、仕事がなくなっても生きていく権利はある。そのため最低限の生活ができるように、事業資金の担保に自宅は入れさせない、個人保証も付けさせない、ということが法律で決められている。もし、そのようなことを行えば銀行が処罰される。

仕事がなくなっても、生きていく権利はあるということは、資本主義の基本理念を考えれば自然と合点のいくことだ。ビジネスにおいて、個人の抵当権を設定したり、個人が担保を要求されたりすることはない。ビジネスに失敗して、ＣＥＯやＣＯＯが個人の家や土地を奪われたり、その地位を追われて以後も、返済を求められたりするようなことはない。

つまり、欧米では国の法律によって個人の最低限の生活を守っているのだ。

この点、日本は対照的である。日本はごく当然のように銀行融資に個人保証や連帯保証、担保提供が求められる。もちろん、２００８年のリーマン・ショックを経て、銀行側のガイドラインとしては、企業に対する貸付においては会社の資産は担保としてもよいが、個人資産は担保などにとらない、また、個人補償、連帯保証人はとらないと決められている。ただし、ガイドラインとして制定されていても立法化されているわけではないので、ほとんどの銀行がガイドラインどおりには対応してこなかった。

「担保があれば、少しはお貸しできるのですが……」

「担保にできるものは自宅しかないのです」

「では、恐縮ですが、自宅を担保に融資させていただきます」

社長と銀行がこんな会話を交わそうものなら、金融庁が、

「なぜ自宅を担保にとるのだ！」

と怒ってくるのが筋だが、実態はそうなってはいない。仮に金融庁が指導に入ったとしても、銀行は、

「いやいや、社長から『自宅を担保に入れますから貸してください』とお願いされたので、そうしただけのことです」

と言うはずだ。そのとき社長が、

「ウソつけ！　自宅を担保提供するようにそっちが誘導したんだろう」

と思っても、実際にそうは言えないのが、これまで銀行に頼ってきた日本の社長の姿である。

欧米では考え方がまったく異なる。事業資金の貸出しに関して、社長の自宅を担保

に提供させることは違法であり、禁止事項となっている。債務者という国民の守り方が、日本とはまったく異なるのである。前述のとおり、日本では「返済できない債務者＝犯罪者」だという発想が根底にある限り、債務者保護の思想は根づかない。

どうしても切り捨てたくない事業はどうする？

第２会社への事業の移行時に「キャッシュを生まない赤字の事業は切り捨てるべき」と前述した。だが、いくつかの事業を経営している社長としては、ここを悩ましく思うものだ。それが、既存会社の本業と呼べるものだと「できれば切り捨てたくない」と思うのも、率直な考えである。

しかし、どんなに社長のその事業に対する思い入れが強くても、その事業は切り捨てなければならない。これまで、その事業にお金をかけてきて、「いまは赤字でも数年後には黒字に転換できる」と希望的な予測が立てられたとしても、である。その事業を第2会社に移行させれば、数年間は赤字になるという予測が確定的に立つからだ。

既存会社の社長が立ち直ることが最優先

まず大事なことは、返済能力のなくなった既存会社と社長自身の債務をきちんと整理し、社長自身が立ち直っていくことである。それを優先的に考えないと、結局、第2会社の経営もずるずると既存会社の〝負の資産〟を引き継いでしまうことになる。繰り返しになるが、あらためて整理しておこう。

既存会社ではいくつかの事業を展開していたとする。そのとき、

①キャッシュフローでプラスになり、回っていく事業

これは優先的に第2会社に移行することになる。

②キャッシュフローがプラスマイナス、いわゆる〝トントン〟である事業

これは、要検討である。第2会社でキャッシュフローをプラスにもっていくことができるかを、第2会社の社長となるべき人物とよく検討しなければならない。

③すでにキャッシュフローでマイナスの事業

これは、冷徹だが既存会社に置いておく。それしか選択肢はない。最終的には既存会社の清算とともに、この事業もたたむことになるケースは多いが、既存会社の閉鎖といっても瞬時にできるものではなく、数年がかりになるケースもある。その間に、前述のように、

「事業やブランドを売ってほしい」

という会社が現れないとも限らない。

「当社だったら、その事業を黒字に転換できる。ぜひ売ってほしい」

「当社の事業展開として、そのブランドを取り込みたい」

と考える会社もある。その場合に、価格交渉して売却できれば、第２会社の運転資金にもなり得るし、既存会社の社長にとっての〝生活資金〟ともなり得る。それを期待するばかりではいけないが、そのような可能性もあることは留意しておきたい。

月次キャッシュフロー計算書を見直す

なお、ここに示すように、どの事業を移すかの判断では、キャッシュフロー計算書が重要な判断材料になる。利益を生む事業かどうか、経営者の直感は重要だが、直感

に頼りすぎても同じ失敗を繰り返すことにもなりかねない。そこで銀行では3期分の決算書を重要な判断指標の一つにし、合わせて再生できるかどうかの事業診断では、キャッシュフロー計算書が大きな判断材料の一つになるということだ。

私もそうだったが、経営者は思い込み・思い入れが強い人種である。そうでなければ社長業は勤まらないとさえ言える。だが、第2会社による事業再生では、その思い入れの厚着を一枚一枚はがすように、不利益な部分を見つけていかなくてはならない。

経営者は売上の数字は丸めて盛って語るが、利益は盛らない。キャッシュフローの数字はより正直・正確に見ている——、そうした感覚を第2会社の社長に持ってもらうのである。私は事業再生コンサルタントの立場から、

「この事業を移行したら、第2会社は初年度から赤字。資金繰りも大変だから、第2会社による事業再生は、かえってあなたの首を絞め続けることになる。それだけはやめましょう!」

そう、正直に伝えている。

銀行は最終的にはどのような債務処理を行うのか

第2会社の設立による事業再生は国の認めている再生の手法の一つでもあり、正しく行っていれば訴えられるようなことはない。ただし、正しく行っていても、それが詐害行為にあたるかどうかは裁判ではっきりとさせることになる。それは、詐害行為そのものが法に則した事業活動を行っているかどうかにかかわらず起こり得ることだからである。

第2会社の設立において債権者が詐害行為だと訴えてくる可能性は、実際には3%から5%といった程度である。債権者としても、裁判手続きは手間がかかり、お金もかかる。そのため、できるだけ避けたいと思う債権者も多い。それは他の倒産の手法における債権者と同様である。

通常、債権者は債務者が法的手続きに入ったら法律に従って回収する。それと同じことである。そして、その時できるだけ速やかに処理したいから自己破産を勧めるのである。

銀行は早い段階で無税償却を考えている

私は、第2会社を設立して10年ほど経ったいまでも、

「なぜ自己破産しなかったのですか？」

と言われることがある。たしかに自己破産したほうが、自分も債権者である銀行も〝あと処理〟がラクであったのかもしれない。ただ、私の場合は

「絶対に復活してやるぞ」

と決意していたので、

「もう返済できません」

と、メインバンクのみちのく銀行をはじめ、その他の債権者に説明した。

だから、銀行の都合で自己破産するつもりはなかった。

一方、銀行側としては、返済できないなら単刀直入に自己破産を勧める。なぜなら、金融庁が、

「債務者が自己破産した債権の処理は無税償却できる」

と規定しているからである。

無税償却とは、無税で償却できること。すなわち、銀行などが融資した債権に損失金額（回収が不可能だった金額）がある場合、その損失金額を税務上の損金として計上し、所得から差し引くことができる償却方法のことである。所得から差し引けるので、税負担は発生しない。いわば債権償却において、税務上は損金とみなすことができる償却のことである。

銀行としては、債務者が自己破産してくれれば、その債務者の債務の額を銀行の所得から差し引くことができる。黒字が出ている銀行であれば、納税額を減らすこともできる。だから、

「返せないのでしたら自己破産しませんか……」

という態度に出るのである。銀行が無税償却によって黒字が減り、法人税の納税額を抑えることができれば、結局、返済できなかったことによって生じる額は国が補塡していることにもなる。

サービサーがバルクセールで不良債権を現金化する

銀行としては、そうした不良債権となってしまった債権は、相手が自己破産する、

しないにかかわらず債権回収会社に少額で売却するのがほとんどだ。この債権の売却先はサービサーと呼ばれる。サービサーは銀行から少額で債権を買い取り、その債権をサービサーの利益を見込んで他の業者に販売したり、さらにバルクセールと呼ばれる〝まとめ売り〟を行ったりする。

バルクセールを行えば、価格が時価とされるため、どのような債権も損金として簡潔に処理できるようになる。そのことにより、債権の現金化を進めることができるわけだ。いわゆる〝利ざや〟を稼ぐことが可能となる。現金化できるのだから、場合によっては債権者という立場で債務者企業の再生に関わることもできる。

この手法については、私自身、少なからず不満を持っている。なぜなら、いくら金儲けとはいえ、たとえば5000万円の債権をバルクセールによって数万円で購入し、3000万円で売るようなことが平気で行われているからだ。そのようなことが一般的に行われているのだが、その状況を腹立たしく思う債務者も多い。

なお、銀行は財務省の管轄だが、サービサーの管轄は法務省である。管轄が異なるため、互いに規制していることが〝ちぐはぐ〟になっている面も否めない。

サービサーを使った不良債権処理が行われるようになったのは、1991年のバブル崩壊以降のことである。その頃多くの都銀が、倒産間際や破綻先の不良債権をたくさん抱えた。その処理を少しでもスムーズに行うため、債権回収会社（一般にサービサーと言う）の設立を容認し、銀行が不良債権をサービサーに売却した場合は、無税償却とすることとした。いわば、サービサーは不良債権を抱えた銀行を救済するためにつくられた会社であり、仕組みだった。

ところが、そのサービサーが中小企業の債権にまで手を伸ばし始めた。

原価数万円で債権を買い取り、その債権を数百万、数千万円で債務者に買い取らせる。すると、その債務がある中小企業は、そのサービサーから厳しい債権回収、取り立てを受けるようになったり、第三者が、その中小企業の経営者の意に沿わないような、勝手な再生を始めようとしたりする。そして、その背後には、しっかりと報酬を得ている弁護士がいる……。

「これは社会に対して害にこそなっても、ほとんどと言って良いほど、何の貢献にもなっていない仕組みだ」

これが、今までいくつかのサービサーから、再三にわたって回収を求められてきた私の、偽らざる実感である。

このサービサーの対応について問題を整理すると、大きく分けて二つある。金融機関が回収できない債権を、サービサーに売却するところまではまだ良い。それにより、金融機関の体質が少しでも健全になるからだ。

だが、買い取ったサービサーが行っていることは、違法行為ではないが、明らかに〝悪徳〟である。なかには、その債務者の勤め先や、給料の明細や、さらには生活費の詳細などを明らかにするまで、徹底的に追い込んでいくケースもある。

もう一つの問題は、このサービサーの仕組みを浸透させてしまった日本独自の個人保証・連帯保証という考え方である。特に連帯保証がある限り、回収は債務者からの回収と同時に、連帯保証人にも及ぶ。単純に言うと、自己破産しない限り、一生、連帯保証人にも回収が続く。このような仕組みが日本の金融に〝伝統的〟にある限り、いつまで経っても日本経済は活性化しないとさえ思う。

このようなサービサーに、果たして社会的な意義が本当にあるのか、極めて疑問である。

よく消費者保護ということが言われるが、同様に、債務者保護という考え方も大事なのではないだろうか。債務者も消費者であり、国民である。その最低限の生活を脅かすほどに回収することがまかり通っているのが、いまの日本の実態である。

基本的に、債務処理は弁護士業務の一環である。債務者本人が、債権者と直接交渉するのは得策ではない。金融機関もサービサーも法律を踏まえて交渉してくる。これに対して、債務者個人ではなかなか太刀打ちできるものではない。債務処理に精通した弁護士に依頼するのが一番良い。

銀行と企業の関係をあらためて見直してみる

事業の再生にあたって銀行と企業はどのような関係にあるのか。特に借入れの返済に負われ、滅入っている経営者のために、これは極めて当り前の事として、ここであらためて見直しておきたい。

まず、会社は銀行から資金を調達して、ビジネスを展開する。その代わりに銀行に金利を支払う。と同時に、会社は従業員に労力を提供してもらいながらビジネスを展開する。その代わりに従業員に給料を支払う。また、会社は仕入先から原材料を調達しながらビジネスを展開する。その代わりに、仕入先に仕入れ代金を支払う。

会社を起点に考えると、会社と取引先などはまずこのような関係で成り立っている。企業がスタートしてからある程度の業容になるまでには銀行の支援が必要であり、また、企業の経営状況が厳しくなったときにも銀行の支援が必要になってくる。

貸し手の立場は傍から見るほど強くはない

ところが、会社もずっと順調であるとは限らない。特に業績が厳しくなりリストラが必要になることもあるだろう。業績悪化の初期の段階では、銀行も追加融資などで資金援助をしながらリストラを支援することもあるが、いよいよ「あの会社は危ない」と判断したとき、銀行は真っ先にどういうことをするか。銀行はいっさいの資金提供をストップする。

対して会社は、銀行に対して事業計画書を提出して説明し、それで認められれば追加の融資を受けることができる。すると、

「銀行には会社を苦境から救ってもらった。本当に感謝している」

という気持ちになる。そして、会社は銀行に対して強い態度に出られない関係になっていく。

ところが、事業計画書を提示せず、

「もう事業を続けられないので、返済できません。会社を清算します。申し訳ありません」

と言ったら、銀行はどのような対応に出るだろう。

「御社が融資して欲しいといったので、ウチは貸したんですよ。それを返してもらわないわけにはいかない」

と言うだろう。このとき、立場が微妙に変わっていることに気がついてほしい。会社が順調なときは、資金を提供して金利を得る、いわば原材料を提供して仕入れ代金を得る、労働力を提供して給料を得る――、という立場であったのに、苦境に陥ったときには、仕入先が「原材料を返せ」、従業員が「労働力を返せ」と言っているのと同様の対応になっているのだ。

特に、銀行は「お金を貸して欲しい」といった会社すべてに貸しているわけではない。貸し先を選んだうえで融資を行っている。その選び方は、端的に言えば、「貸付金を返済する能力があるのか」「銀行がより儲かる貸し先かどうか」である。

その原則に立てば、元本が返ってこないリスクも織り込みながらリターンを求めるビジネスと同じである。いっさいのリターンが求められる状態ではなくなったとき、

「元本を返してもらわないわけにはいかない」と言い張る顧客がいるだろうか。それは、ちょっと筋違いだと思うのが、正論ではないだろうか。

結局は〝船長〟が残る覚悟で

そう考える経営者は、この苦境の打開策として次の提案をする。

「私の方にも、もちろん経営がうまくいかなかった責任がある。だが、申し上げにくいが、銀行にも貸し手責任があるのではないか。互いのミスを認め、打開策を考えて欲しい。少なくとも会社の業績悪化に文句だけを言ったり、横暴な態度に出たりすることはやめてください」

そのような話し合いを経て出てくる打開策が、第2会社による事業再生である。従業員には第2会社に移る選択の自由はあるが、既存会社が傾いてしまった責任はない。だから自己判断で第2会社で働いてもらう。仕入先にも売り先を選ぶ自由はあるが、既存会社が傾いてしまった責任はない。だから、仕入れ先の意思で第2会社と改めて取引してもらう。そして銀行も……、と行きたいところだが、銀行だけは〝悪質なクレーム客〟のような立場になってしまい、頭の切り替えができず、取引先を助けることなどより、言葉は悪いが要は「ゴネているだけ」ということになりがちである。

銀行は貸し先が苦境に立ったとたん、自分たちがお客の立場になってしまう。しかも、悪質なクレーム客に……。会社が順調であれば、銀行は自らを儲けさせてくれるお客と考えるだろうが、この時点で対応が180度変わるのだ。このことを理解していないと、事業再生は〝腰の引けた〟ものになってしまうだろう。

第2会社には、事業・設備を売却し、従業員もすべて移籍してある。固定資産税の手続きも社会保険料の手続きも速やかに行っていく。仕入先との取引契約の名義変更も粛々と行っていく必要があるだろう。当然ながら、第2会社の代表は既存会社の代表者ではない人物で、既存会社の本社所在地とは別の本社所在地で登記することになる。社名も変わる。

既存会社には何が残るか。銀行に、

「返済能力がなくなったので、いっさいの返済はできません」

と言っていた社長だけである。あとは銀行と既存会社の社長がどのような話し合いを行うかだけである。

このとき、事業再生コンサルタントが既存会社に関与していると、どうなるか。事業再生コンサルタントである私が、第2会社事業再生を理解して、債務処理が得意な弁護士を紹介する。そして私は既存会社の社長をバックアップして残務処理を行う。あとは銀行と弁護士がどのような話し合いを行うかだけである。

このように、スキームは固まっている。

企業経営において、「銀行に頼らなければとても無理だ！」と思っている経営者は多い。たしかに、既存会社の経営はその状態だったかもしれない。だが、第2会社は違う。従業員も設備も取引先もすべて揃った状態でのリスタートなのだ。だから、第2会社による事業再生は確実に軌道に乗り、成功する。

「銀行に頼らなければとても無理だ！」

と、頑なに思い込んでいるような経営者がいれば、

「銀行の言いなりになっていると潰れるよ！」

と忠告すべきだろう。第2会社の経営者が、既存会社で行われていた経営の不備であった点や改善すべき点を補い、堅実に黒字経営を続けていけば、4～5年後には確実に銀行の方が寄ってくる会社になる。そのときに、第2会社がもっとも有利な条件で融資を実行してもらえばよいのである。

第2会社による事業再生で〝貸し手責任〟が炙り出される

経営者にとって、借りた金は返さなくてはならない。これは当り前のことだ。借りた以上、返す努力をして、実際に返さなければならない。借りた以上、返済するのは義務である。

だが、その経営者に返済能力がなくなったとき、いわゆる〝ない袖は振れない〟状態になったとき、どうするか。最低限の生活を脅かされてまで、債権者に追い立て回されないといけないのか。この点はもっと別の考え方があってもいいだろう。

その一つが前述した貸す側の責任である。かつて銀行は、相手が返せなくなることが見えているような取引先にまで、自行の利益のために貸し込んだ。その回収の見込みのない債権を処理するために、サービサーという仕組みが生まれた。そのサービサーが健全な経営を行うのであれば問題はないが、悪徳業者まがいの回収や転売を行って問題になっている。

第2会社による事業再生は、経営者が返済義務はあっても返済能力がなく

なったときの再生法の一つだが、経営者にとっては、

「借りた金は返さなくてはならない」

という事と、

「返済能力がないときには返せない」

という両方の事態が経営においては起こり得ることを、充分に理解しておくべきだ。と同時に、返せない場合でも、違法な回収は絶対にあってはならないということを、しっかりと認識すべきだろう。

違法な回収は、違法な返し方でもある

中国地方のある中小企業で、こんなことがあった。

その会社では20万円の返済に窮したそうだ。ところが、私が相談に乗り、駆けつけてみると、その会社の法人口座には20万円があった。

「この20万円はどうしたの？」

「妻に用立ててもらった」

「奥さんは連帯保証人になっているんですか？」

私が心配して聞くと、連帯保証人にはなっていないと言う。実はこの20万円は、夫がかわいそうなので、奥さんが貸したということだった。

このような話は、中小企業ではよくあることである。

だが、その20万円の返済の銀行交渉の際に、銀行が、

「20万円くらいだから、誰かに用立ててもらって返済できるようにしてください」

と言ったら、これは違法である。回収の際に「他者から借りて返す」ことを求めたら、それは貸金業法という法律に違反した行為である。だから、ほとんどの銀行は絶対にそのようなことは口にしない。他に連帯保証を求めることも、実質的に「他者から借りて返す」のと変わらないことになり、銀行はまず口にしない。

だが、見方を変えると、この中国地方の中小企業の社長は、みずから率先して違法な返済をしているということにならないだろうか。借りた側として「違法な回収は絶対にあってはならない」ということは、実はこのようなことをしないとともに、させないことでもある。

このような些細な部分で違法であることを曖昧にして乗り切ってしまうと、結局、それは自分の首を絞めることにつながる。そして、家族、自分の会社をも苦しめることになってしまう。

中小企業の経営者に多いのだが、経営に関わりのない人のお金を掻き集めてでも返済しようとする。それは違法な回収に〝手を貸している〟ことになる。絶対にやってはいけない。従来の借り手の発想とは趣が異なるかもしれないが、違法なことはしない、させない——、これが大原則である。

第2会社を設立してから気をつけること

第4章

第2会社の運転資金を必ず用立てておく

多くの場合、第2会社の預金口座には、資本金額のお金は用意されているのが前提である。

たとえば、第2会社の資本金を1000万円としたのであれば、出資者から募った1000万円を第2会社の設立の前に第2会社の法人口座に入れ、その通帳残高をもとに法人設立を行っているはずである。

すなわち、第2会社の設立時には、資本金の1000万円が第2会社の法人口座にあるということになる。つまり、第2会社の設立当初の運転資金はその額でまかなうということになる。

創業資金以外、数年間は借りられない前提で

ただ、そうはいっても……である。たとえば、既存会社から従業員10人が第2会社に移行したならば、その10人分の人件費は設立時から必要だ。取引先への支払い分も設立時から必要になってくる。第2会社による事業再生は、「返済に窮した会社が第2会社を設立して、そこに経営資源を移行して再スタートを切る」ことだが、そのスタート時から必要な経営資源が揃っているというメリットがある半面、その経営資源を活用する支払いを、スタート時から行わなければならないのも事実である。ただ、第2会社では銀行返済の支払いがない分、資金繰りは順調に回っていくはずである。

理想的には、第2会社が新会社として借入れできるようになるまでの期間、経営をムリなく維持できるくらいの資金繰りを立てておきたい。

第2会社の社長は既存会社の社長が信頼できる第三者が望ましいと前述したが、これは当初の運転資金の面、すなわち資本金の面からも言えることである。

中小企業の場合、社長の自己資金で会社を設立するケースが多い。それは第2会社も同様である。一方、既存会社の社長は、返済に窮している状態なのだから、法人口

座には返済の余地がなく、社長の個人口座にはお金が潤沢にある、というケースは現実には多くない。本来は、そうであってもかまわず、むしろそれが正しい経営のあり方とも言えるが、そうなってはいないのが現実である。

運転資金をどう用意するか。細かく見れば、公的な機関から創業融資を受けたり、他の出資者を募ったり、メインの取引先に融通してもらったり、さまざまな手法があるが、中小企業では、基本は第2会社の社長が、見込んだ運転資金の額を用意できる人、もしくは見込んだ運転資金をやりくりできる人に依存するということになる。

そのうえで、少しでも事業資金を積み立てていくことが重要になる。だから、その事業自体のキャッシュフローがプラスであることが重要なのだ。キャッシュフローに問題がないのであれば、売上で仕入れ代金や人件費を支払った後も利益が残る。つまり、会社の資金繰りは順調に回って行くことになるのである。

第2会社はいつから借入れできるのか

第2会社はいつから借入れができるようになるのか。それも、よく聞かれる質問の一つである。原則的には既存会社と同様の事業を、その経営者自身が信頼の置ける人に新規にやってもらうことになるので、新規に会社を設立したのと同様に融資の判断が行われる。すると、銀行からの一般的な融資は3期黒字を続けた4期目から、ということになるだろう。

なお、前述のとおり、第2会社の社長が創業融資を受けることも可能である。

第2会社でも、きっと3年から5年のうちに、銀行から初回の借入れを起こす時期がくる。そのときは既存会社の取引銀行とは別の金融機関と交渉することになる。

当然ながら、その銀行でも、第2会社の略歴や信用情報などを審査し、貸出しが可能かどうかを検討する。第2会社が既存会社の事業譲受によって設立されたものであることは、新規の取引銀行でも概ね察しがつく。

既存会社への〝敬意〟を示すことも重要

第2会社の社長が既存会社の社長の息子・娘なら、銀行は、

「お父さんが以前、○○会社を経営されていたんですね。その会社はいまどうなっていますか」

「新しい会社では、お母さんは何かお仕事をされていますか」

など、第2会社の経営内容の確認とともに、既存会社の社長とのつながりを確認する。そのとき、嘘を言ってはならないが、

「両親は引退して、庭の草むしりをやっていますよ」

「引退したあと、羽を伸ばして旅行して、悠々自適な生活です」

「引退しましたが、毎日出社して、口うるさく指示を出しています」

などと、親を突き放したような、もしくは返済を逃れて気楽になったように伝えるのはよくない。銀行の担当者も数多くの事業や経営を見てきているのだから、そうした返答のなかに、既存会社の社長であった親との確執や、銀行に対する第2会社の社長の姿勢のいい加減さ、何があっても経営を離れられないという、既存会社の社長の〝悪しき欲望〟などを感じることもあるだろう。

一言でいうと、「心証」が悪くなる可能性があるのである。

そうした悪い心証を与えないようにするため、前向きに返答していくことが大切である。たとえば、次のような返答である。

「両親は引退しています」

「親の会社の事業の一部を買い取り、新会社で当時より業績を伸ばしてきました。ここで事業を次のステージに上げるためにも資金のご提供が必要で、ぜひ貴行に新規融資をお願いしたい」

「元の従業員も7割ほど、労働条件は変えずに新会社に転籍してもらいました。皆、心機一転、伸びる事業を伸ばしていこうと一生懸命に働いてくれています。その元従業員の発案がきっかけとなった、新事業での融資のお願いにうかがったわけです」

審査は通常、2か月くらいで決裁される。多少時間がかかったとしても3か月程度である。

第2会社としての融資は初回なので、額としては大きくはない。だが、融資が実行されれば、その資金を活かしてより大きなビジネス展開を図ることにも自信が湧いてくる。そのとき、同時に既存会社の社長とは違う、新しい銀行交渉のあり方を模索していくのも重要である。

「期限付き請求書」にどう対処するか

既存会社としては「返済能力がないので返せません」と言っても、債権者は督促状や「期限付き請求書」を送ってくる。債権者側からすれば、当然の行為と考えて送付してくるものである。

あわてず、冷静に対処することがいちばん

銀行への返済をストップすると、まず、次のような文面の請求書が債権者から債務者に送られてくる。

「いままでお待ちしておりましたが、いまだに振込みが確認できません。つきましては、当方としても対応に苦慮しますので、至急、一括で下記の金額をお振込みくださるようお願い申し上げます」

要は、2回の返済を飛ばしてしまったのだから、

「一括で返済してください」

という一括請求の文書である。

これは、それ以外にどのようなことが書いてあっても、いわば督促状といった類いのものではなく、普通の請求書である。だから、「返済できない」と正式に銀行に申し入れている以上、無視してもかまわない。

「そうはいっても無視できません……」

と弱気になる人もいる。そんな人には、

「返済能力がないんでしょ。だったら、無視してください」

と言うほかない。

しかし、債務者は無視したことにより、2か月の時間の猶予を得たことにはなる。

債務名義確定の裁判が前提に

一括請求の請求書が数回届くようになると、そのなかには督促状と表題を換えてい

るものもあるだろう。そして3か月ほど経つと、次のような文面の文書が届く。

「現在までお待ちしておりましたが、何らいっさいの振込みがありません。つきましては、このままでは当方も対応のしようがないので、×月×日までに、お振込みいただきますようお願い申し上げます」

これは期限付きの請求書である。この期限付きという部分には注意したい。期限付きの請求書が届いて、その期限までに振り込まなかった場合には、

「その期日をもって債権者が次の回収の方法に移る」

ということを明言しているということができるからだ。

具体的には、債務名義の確定のための民事裁判ということになる。これも、出廷の日時を指定した文書が裁判所から届く。

この文書に対しては、出廷しても出廷しなくてもどちらでもかまわない。出廷すれば、やがて判決が下されるから、それまでの時間は、対応をより詳細に考える時間を得たことになる。出廷しない場合は、債務名義の確定の裁判なら、出廷日に債務名義が確定される。いわば、

「あなたには×××万円の債務がありますよ」

ということを判決として確定するわけである。これを裁判の勝ち負けでいえば、債

権者の勝ちということになる。なお、出廷して、どのようなことを説明しても、債務者が勝つということは現実にはない。だから、判決までの間、「対応を考える時間の猶予をもらえた」という解釈ができるのである。

この裁判は債務者にとって何を意味するのか。「債務者にはたしかに××××万円の債務がある」ということ、すなわち債務名義が確定されただけで、実態は何も変わらない。「債務名義がない・確定されない」ということは、現実にはあり得ないから、ただ、裁判所が現状の債権債務関係を追認した、と受け取ることもできるだろう。

債務名義の確定の裁判には出廷しなくてもかまわないが、債務名義が確定した際、債務者がしなければならないことがある。それは、債務名義が確定したら、狙われそうな口座からすべての預金を引き出しておくことである。判決が出てしばらくして、銀行は預金の差押えを開始する。債務名義のない状態での差押えは違法であるが、債務名義が確定すれば、それを手に堂々と差押えに入ることができる。そのとき、銀行口座に預金残高がなければ、「差押さえ金はゼロ」ということで、ひとまずの差押えは回避できる。裁判所が関わるのは債務名義を確定させるだけで、確定された債務名義をどう行使するか、すなわち銀行口座を差押さえるか、不動産を差押さえるかなどについては、裁判所は関わらない。一般的には、不動産はその不動産を購入する際に、融資した別の銀行が担保を設定しているケースもあるから、不動産を差押さえるというのは現実的ではない。結局、取引銀行であれば、自行にあるその社長や会社の口座に残っている預金を差押さえることになる。

このとき、もし預金残高がゼロであれば、差押さえは〝空振り〟である。

差押さえとなると、

「タンス預金など家捜しされて、身ぐるみはがれるのでは？」

と思う人がいるかもしれないが、それはＴＶドラマの見過ぎだ。そんなことをしたら、銀行は自力回収禁止の罪で訴えられる。そんなバカなことは誰もやらない。

「裁判は過去の事実の確認である」ということを認識すべきだろう。支払い督促裁判で債務者が負けても現状は変わらない。

第2会社でFC事業を進める場合のお金のやりとり

第2会社による事業再生をFC事業で行う場合、ライセンス契約において他の事業とは異なる手続き、取り組みが必要になる。既存会社が持つ本部とのフランチャイズ権をいったんFC本部に返上し、第2会社との間でフランチャイズ契約を結び直すということになる。

その契約を速やかに結ぶことができる場合も多いが、あらためて第2会社を審査し直し、そのために時間や本部への提出書類が増えることもある。

FC本部の意向は書面とは別のところにある場合も

FC本部の心情的な面を考えれば、フランチャイジー（加盟店）の都合によってその地域に展開する店舗を失いたくないという気持ちもある。

一方、本部としては新しい会社とのフランチャイズ契約を交すのだから、はたして継続可能なのか、といったことを危惧する面もある。「事業を第2会社に売却」と一言で述べたが、そうはいかないケースも起こり得る。

「第2会社を設立してから」という面では、このフランチャイズ契約に関して、本部とフランチャイジーがやりとりするお金を、銀行が差押えることも考えられる。だが、優良なFC本部は株式を上場している企業も多い。銀行としても、上場企業に出入りするはずのお金を自行の都合で差押さえるというのは、それなりの覚悟がいる。なお、差押さえるという強硬な手段に出なくとも、銀行がフランチャイズの本部に確認の問い合わせを行うくらいのことはするケースはあるだろう。

コンサルティングする立場から言うと、フランチャイズ契約がある場合の第2会社による事業再生は、スムーズに行きやすいという感覚がある。何より、契約が明確になっているからだ。事業を既存会社から第2会社に譲渡するとき、また、譲渡以降も、その移行に関わる取引契約がしっかりと交されていれば、どのような段取りで移行していけば良いか、また、もしイレギュラーなことが起こった場合の対応の仕方などが分かりやすいということだ。

一見、手間がかかりそうだが、「何を行なったらよいか」が分かりやすいのがFC事業での第2会社による再生である。

再生できる経営者と再生できない経営者

世の中には再生できる会社と再生できない会社があり、再生できる経営者と再生できない経営者がいる。一方、傾いた会社を経営する社長の多くは、その時点で、会社の業績が低迷し悪化している以上に、銀行への返済が重くのしかかっていることに意識が集中しがちだ。

その点から考えると、業績の悪化により銀行返済の困難さが重くのしかかってくる前の段階で、なんとか事業を再生したいと考える経営者は、まだ再生の見込みがある。その段階で何の対処もせず、銀行返済の重圧に押しつぶされそうになる経営者は、業績の悪化の状況が変わらなくても、再生を考える余裕がまったくなくなってしまう。再生できるはずのものも再生できなくなってしまうのである。

まず自分のことを考えられる余裕をつくる

銀行返済の重圧に押しつぶされそうになる経営者は、押しつぶされそうになるという気持ちだけで、何も手につかない。私のところにもそういった相談はあるが、そのとき、

「キャッシュフローはどういう状況なの？」

と聞いても、

「わかりません。すみません。とにかく、大変なんです」

といった状態だ。当事者に対応を考える余裕がないのだから、こちらとしても対応の方法がない。今月末の支払いが厳しいうえに、この2～3か月先の資金繰り表も作っていないような状態だ。場当たり的な経営になっているのだ。

それでも、たとえば、将来性のある事業を第2会社に移して再生を図ろうと考えたとする。すると、その移行の途中で、その将来性のある事業を潰しかねないこともある。そのような状況で、お金も心もまったく余裕がなくなっているのである。何よりも、ドンブリ勘定で、目先のことも考えられないような状況に本人は追い込まれているのである。

そのような場合には、

「銀行返済を止めて支払い先に分割の話をすること。第2会社による事業再生はそのあとで、用意周到に計画して進めることです」

この程度しか言えない。まず、自社・自分の状況を正確に把握するのが第一、ということである。

優先順位を間違えない

銀行と企業の経営者。それは債権者と債務者の関係である。ところが、債務者の返済能力がなく、「返せない」と債権者に伝えた段階から、債務者と債権者は平等・対等の関係になっていく。そこで、あらためて、どのような方法が再生では最適なのかを検討することになるのだ。

そのとき、既存会社に100万円があったとしよう。通常は、銀行に借金があったら、優先的に銀行に返済しようとするだろう。

しかし、緊急時の対応は違う。銀行か、取引先か、それとも税務署か。実はそのいずれでもなく、経営者自身に返す場合もある。特に中小企業に関して言うと、会社に経営者自身が貸付している例が多い。経営者も会社の債権者の一人なのである。

社長によっては、

「銀行に返済せずに私が受け取っていいんでしょうか?」

と聞いてくるケースもある。その返答は、

「構いません。銀行と社長は、債権者として平等・対等の関係です。ですから、社長が緊急のときはまず経営者が受け取って、それからどう考えるか、ということも必要です」

と答えている。はっきり言えることは、そう考えてしまう段階まで社長個人が追い込まれる必要はなく、従来の考え方に囚われずに、緊急時には自分にとって重要な債権者の順番から資金を返済していけば良い、ということだ。そうでなくては、再生は覚束ない。

会社の借入れに際して、ほとんどの中小企業の経営者は個人保証をしている。いわば、既存会社の連帯保証人となっているわけだ。その連帯保証人になるとき、銀行は連帯保証人として適格かどうかなどを審査してはいない。ただ、銀行の融資の慣習と銀行側が勝手に設けた決まりに従って、連帯保証人として社長の署名と押印を求めているだけである。

そもそも銀行は、本気で会社の借入れの連帯保証を経営者ができると考えているのだろうか。明らかにムリということが分かっているのに、連帯保証人として署名や押印を求めているのではないだろうか。それが明白であるのに、既存会社ができない債務の返済を社長個人に求めるのは、単純に社長を追い込んでいることにしかならない。それで、もし社長が自殺でもしたら、銀行はどのような責任を取れるというのだろうか。できない約束を強引にさせて、反故にしたら追い込んでいく。銀行のこのような対応は、一体いつまで続くのだろうか。

1650億円の債務でも自己破産しなくてもよい

1650億円の債務を抱えている知人がいる。大変有能な経営者だ。借入れ先の銀行は50行を超える。もちろん、会社として事業を全国展開し、全国各地の銀行から借りたのだが、すべての借り入れについて個人保証をしているので、何かあれば自分が返済を迫られる。

その経営者に連絡をとり状況を聞いてみたところ、

「自己破産することになった」

と言った。いよいよ会社は大手企業が買い取ることになり、債務だけが残ることになったのだ。

私は、疲れた様子の経営者に無理を言って時間を作ってもらい、第2会社方式の話を聞いてもらった。そのとき、私の師に当たるコンサルタントのH氏にも加わってもらい、3人でおよそ4時間近く話をしたのだが、知人は時々質問を交え、頷きながら熱心にノートを取っていた。そしてその2日後、彼から、

「自己破産しないでやってみるよ」

と連絡があった。私は思わず、

「先輩、頑張ってください！」

と言った。

ここで詳細は触れないが、この経営者のように、1650億円の債務を抱えた社長でも、経営破綻したときに、自己破産せずに生き残る方法はあるということだ。それを、50を超える全国の銀行が見守っているということである。

自己破産などしなくても、再生できる方法がある。返済できないものは返済しないし、自己破産もしない。それで十分に暮らしていけるのである。

大事なことは、窮地に立っても冷静に自分を見つめ、自分を活かす道を探すこと

だ。1650億円の債務者は、その債務を抱えるだけの経営手腕を持っていたという考え方もできる。それを社長という立場ではなく、新しい会社の会長や顧問、相談役など経営の一線から離れ、第三者的な立場として発揮すれば良いのである。

会社が倒産するかどうかは、結局はその経営者自身がやる気をなくしたかどうかで決まる——。そのことを、この経営者は我々に教えてくれている。

銀行への思い込みを捨て
「第2会社方式」で
会社と人生を再生する

第5章

銀行との新しい付き合い方

第2会社としては、今後、銀行とどのような付き合い方をしたらよいか。大手行、地銀、信金と3行との取引、いわゆる分散取引が大切なのは広く語られているとおりである。そのほか、いささか当然なこともあるが、あえて列挙しておこう。

必要のないお金は借りない

一つは、「必要のないお金は借りない」ということである。銀行にとって資金の貸出しは低金利の時代とはいっても売上・利益の源泉の一つであり、できるだけたくさんの事業所にたくさん借りてもらうことが、彼らにとっての営業である。特に安定的な経営をしている会社、資産を持っている会社は、頭を下げてでも借りてほしい相手である。

だが、そういう時代はとうに過ぎ去ったという意見もある。借りてほしい相手にジャブジャブと貸して、結局、返済が滞って自行の首を締めてしまうことになった苦い経験が、多くの銀行にあるからだ。

企業としても同様である。返したくても返せない、すなわち返済の能力がない場合には返さなくてもよいとは思っているが、その前段として返済の能力を超えた資金提供は受けないようにしようという考えは重要である。安易に返さなくてもよいと言っているわけではない。

中小企業の場合は大企業と異なり、社長は経営の全体をつぶさに見渡せる立場にある。いま、現場で何が起きているのか、その対処のためにどのくらいの労力やコストが必要か。これらの判断が、社長自身の頭のなかで瞬時につきやすい。だから、

「数千万円の資金は必要ないけれど、1000万円くらいは常に借りられるようにしておきたい」

など、感覚的でかまわないので、日常の資金調達額にメドをつけ、そのための付き

合い方をしておくことを心がけたい。

「銀行からはいっさいお金を借りたくない！」

既存会社の社長（であった人）も第2会社の社長も、心情的にはそうなってしまうこともあるだろう。だが、事業をしていくうえで、一定の額の資金調達をできるだけ早期に受ける必要があることも事実だ。

「毎月数万円、利益の繰越分を着実に積み上げて、3000万円になったらそれを元手に新規事業を始めよう」

と思うことはあっても、市場は必ずしもそれを待ってはくれない。第2会社の社長自身も待つべきではない。銀行から1000万円の資金提供を受け、それを元手に新規事業を行えば、着実に事業拡大ができる。決して無理な借入れは行わない。こうした考えは、数十年前から言われてきた銀行活用法である。それを、本当に実現できた企業が成長しているのである。

分散取引と、小回りの利く銀行の重要性を再確認

二つ目の視点として、大きな金額を借りない以上、信金との付き合いが重要になっ

てくる。逆に言うと、大手行や大手地銀との付き合いがこれまで通りで良いのかを、いま一度、確認しておくことが大事になる。

中小企業では、大手行や大手地銀と取引していても、企業が生きものである以上、資金的に大変なときが必ず訪れる。

「以前からご承知いただいているとは存じますが、業績が芳しくなく、どうしても会社の将来性が見いだせず、会社を整理したいと思います。ついては返済残高も×××万円ありますが、返済することができません。ご迷惑をおかけしますが、よろしくお願いします」

いま、このような挨拶のあった企業に対しては、執拗に食い下がって返済を求めるというより、

「わかりました。では、今後いっさい返済金を振り込まないでください」

10年前、20年前は考えられなかったが、最近では大手行はそう返答する。なぜなら、振り込まれると銀行側で債権処理ができないからだ。いわば銀行側の処理の都合なのである。

債務者側としてはありがたいのかもしれない。会社への引導の渡し方もドライといえばドライだが、そのようになってきている。会社がきちんと整理され、その返済が

行われなければ、結局、銀行側は残債を無税償却し、銀行側としてはむしろ税金の納付額が減ることになる。銀行側として困るのは、企業の側がいつまでもがんばり続け、少しずつでも返済を続けようとすることなのである。

これは大手行の場合だが、地銀や信金だとまた事情は少し異なる。通常、地銀や信金は2か月続いて返済がなければ、事故扱いとして債権回収に入る。しかし、資金力のない信金の場合はその2か月間も待ってはいられない。信金側の利益を損ねていると判断し、企業やその企業の社長の財産を強引に差押さえてくるケースがあるのだ。

こうなると、その傾いた会社を整理するのも事業再生していくのも極めて手間がかかることになる。

またある地銀では、1000万円を借りた2か月後から、運転資金が枯渇してきたために、

「事業の先行きが見通せないので返済できません。ご迷惑をおかけしますが、よろしくお願いします」

と、私と社長が取引銀行の支店長に挨拶に行ったところ、

「詐欺だ！」

と激怒された。

「支店長、詐欺というのは失礼じゃありませんか」

「いや、詐欺だ！」

と、この支店長と押し問答になってしまった。我々はその場を早々に立ち去った。

法的には何の問題もない企業側の対応も、銀行側から見れば詐欺のように映るのかもしれない。しかし、およそ銀行と企業の取引において、明らかに詐欺行為と呼ばれる行為をしていると確証のない限り、「詐欺」という単語は口にしてはいけない言葉である。そのようなことが理解できていない銀行支店長もいるのである。

このように、3行に取引を分散させるといっても、現実の現場ではさまざまなことが起こる。そのたびごとに一喜一憂してはいけない。

売上高借入金比率を再確認し、信用を積み上げていく

中小企業というより、小企業向けの銀行との付き合い方を考えてみよう。企業側の考え方でいうと、売上に対する借入れの比率は、30％未満までに抑えるようにしていきたい。売上高借入金比率は、銀行にとっても分かりやすい比率で、1000万円ほど借り入れるなら3000万円くらいの売上がなければいけない、ということだ。で

きれば、15％や20％くらいのほうが望ましいというのは、言わずもがなである。

と同時に、銀行の定期預金などにかかわらず、毎月10万円でも20万円でも積み立てておくこと。その積み立てが５００万円になったら、その５００万円を担保に、５００万円分を借りるという考え方で良い。返せなくなったら、

「預金の５００万円から取り崩してください」

と言えばすむことである。それが小企業の場合の堅実な経営であり、〝銀行への信用を積み上げていく〟という、いわば銀行付き合いの要諦だ。

もちろん、決算内容や月次決算の内容が良ければ、預金として置いてある以上の金額を貸し出してくれる銀行もあるだろう。付き合いが長ければ、小企業であっても、

「借りてください」

とお願いされるケースもある。だがそのようなときは、本当にその資金が必要かをよく吟味する。小企業の場合、とかく「会社のお金＝社長自身のお金」となっている面が否めず、必要額以上の額の借入れが認められることによって、気が大きくなってしまうということもあり得る。だが、その気持ちを自ら排除することも、堅実な経営のための一つの要諦である。

銀行の取引を一からやり直す

　ここで、少し長期的な対応を考えてみよう。この2～3年くらいのうちに銀行に返済できなくなりそうだと判断したとき、

「もし、住宅ローンの口座が事業資金を借りている銀行と同じであれば、別の銀行に換えてください」

　と勧めることがある。とにかく、現在の取引銀行からローンの支払い口座を遠ざけておくのである。そうすれば、事業資金を借り入れている銀行の返済をストップしても、別の銀行の口座を差押さえるなどの無謀ことは、取引銀行もできない。借り換えた住宅ローンの提携銀行に対しても、約定返済をしっかりと続けているなら安心だ。

　もちろん、借り換えに当たっては、貸せる相手かどうかを、借り換え先の銀行は審査する。その審査時点で、もしその借主が実は自己破産寸前の状態にある、などということが分かれば銀行側も躊躇するだろう。それは具体的に言えば、

「おそらく、この2~3年のうちに返済できなくなりそうだ」と判断した場合である。だがそうでなければ、自宅という担保がある以上、借り換える銀行側も借り主に対しておかしな判断はしない。

住宅ローンは法人口座とは別の銀行で

そう考えると、経営者はもともと「同じ銀行から、事業資金の借入れと住宅ローンの借入れを行うべきではない」という言い方もできる。住宅ローンの借入れはもちろんのこと、「同じ一つの銀行では法人口座と個人口座を持たない」くらいの警戒心があってしかるべきだ。

このような事前の対応が十分にはできず、最終的に、自宅が差押さえられるような状況になったらどうするか。

まず、事前にやっておくことは、自宅近辺の不動産相場から自宅の相場を確認しておくことだ。よく分からなければ、近隣の不動産屋に教えてもらえばよい。そして、その半額くらいの預金は、配偶者など自分以外の家族や、場合によっては信頼できる知人に用意してもらうようにする。

銀行は自宅を差押さえたあと、競売に出す。その額は概ね相場の半額から6掛くらいと考えてよい。その額を確かめたところで、社長としてやるべきことは自宅を買い戻すこと。社長自身（債務者）は、競売に出された自宅を買い戻すことは現実的ではないので、配偶者や親戚あるいは信頼できる知人などでもかまわないので、買い戻せる程度の額を用意してもらう。

場合によっては、遠い親戚に買い戻してもらってもいい。また、信頼できる知人に自宅、すなわち競売物件を購入してもらい、その自宅を社長が賃借する方法も考えられる。そうすれば、たとえ自宅が競売に出されても、その自宅に住み続けることはできる。

安易に抵当権を設定しない

誰も事業に失敗はしたくない。だが、失敗してしまうこともある。

だが、そのような状況になっても、またしっかりとやり直す、そしてやり返す自力と余力を持ち続けたいのであれば、いま軌道に乗っているこの時期に、債務処理の仕方や事業再生の手法について勉強し、今後の銀行取引のあり方を一から考え直したほうがいい。複数の銀行と取引をして、メインバンクと比較評価してみても良いだろう。これまで世話になったという感謝の気持ちが、いかに自分だけの一方的な思い入れだったのか、良く理解できるケースもあるだろう。

抵当権を設定している不動産があれば、それを外してみるのもいいだろう。銀行にどのような思惑があったのかを察することができる。

経営者なら感覚的に、

「このままだと、あと○年しか持たないのではないか」

という予測ができるものだ。よほどの偶然や幸運にでも恵まれない限り、その感覚は正しい。しかも、小さい会社ならともかく、一定の企業規模、たとえば従業員規模が十数名、数十名、売上が数億円規模になれば、返済に窮するときは、あっという間に傾く。それくらいの規模になれば、返済や支払いが毎月相当な額になっているからだ。

しかも、第2会社による事業再生も、すぐにできるというものではない。時間をかけて、第2会社に移行する事業を見極め、従業員に転籍になることを伝え、既存会社を閉鎖する用意をしていかなければならない。もちろん、第2会社のキャッシュフローに問題がなければ、事業運営は順調だ。

ほとんどの経営者が、軌道に乗っている間はこう思っている。

「私の力でここまでやってきたんだ」

だが、その心のおごりに失敗の種が芽生えているのだ。

長く経営に携わっていると、

「あのとき、不動産を買わなくてよかった」

と胸をなで下ろすこともあれば、

「新規事業を始めたけれど、まったく利益を生まない」

と、ぼやくときもあるだろう。大事なのは、そうした様々な経験から何を学び、どのような教訓を得たかということである。「二度とやらない」ということも大切な教訓だろうが、「これだけはやり続ける」というのも大切な教訓だろう。また、そうして得ることのできた貴重な教訓の数々を、今後の経営に生かすことができるか否かは、まさに人それぞれ、ケース・バイ・ケースである。

給与振込み、定期預金、社長個人の資金は一つの銀行にまとめない

ただし、会社と銀行との取引に関して言い得ることが一つある。それは、従業員の給与振込み、定期預金、個人の資金などを、まとめるようなことはしないことだ。

銀行は取引が長くなってくると、

「よりバックアップしたいので、従業員さんの給与の振込みを当行でまとめませんか」

といった話を持ちかけてくる。経営者としては、

「定期預金をやっているうえに、給与の振込をまとめる?」

と一瞬躊躇するだろうが、ほとんどは、

「急場のときなどお世話になることも多いだろうから、しかたないか」

と首を縦に振ってしまうものだ。

だが、その目的はその会社の資金をできるだけ自行で一括管理したいだけだ。

そのほか一般的な対応だが、一つの銀行だけ、といった取引はしないことだ。信用金庫、地銀、都銀など3行くらいと取引をしながら、それぞれを使い分け、分散させていくことが大切だ。

もちろん、個々の銀行により金利や回収方針なども含めて、融資姿勢には様々な違いがある。信用金庫は金利が少し高めだとか、借りやすいが大きな貸出し枠は設定できないといったことに始まり、特定業種に積極的な姿勢を見せる銀行もあれば消極的な銀行もあり、それらの姿勢が支店長の異動によって変わってくるケースもある。

一概に積極的に貸してくれるところが良いわけではなく、貸してくれないところが悪いわけでもない。大事なのは、自社と銀行が互いの身の丈に合わせた取引を行っていくことである。

「世話になっている」という気持ちをリセットする

事業再生コンサルタントをしていると、経営者は銀行からお金を貸してもらったという意識が、必要以上に強すぎると感じることが多い。銀行からの融資は、銀行のいわば売上を形成するものの一つで、一般の商店なら、融資は商品を販売し代金を得るのと似たような行為である。売ってくれたことにありがたいと思っても、そのありがたさに過度に縛られ過ぎるのは良くない。もし、売ってくれなかったら別の店に行けばいいのと同様に、ある銀行が融資してくれなかったら別の銀行に相談してみれば良いのである。

ところが、経営者には銀行にお金を貸していただいたと、ありがたく思う気持ちが強いうえ、

「親の代からずっと世話になっている」

「今日まで続けてこられたのも、○○銀行あってこそだ」

という思いもある。単に付き合いから銀行のことをそう思っているわけではない。本心から、ありがたく思っているのだ。

銀行の担当者にしてみれば、取引先の企業に感謝されて悪い気はしない。だが、感謝されていることを本心から喜んでいるわけではないだろう。取引先に融資して、しっかり儲けているからだ。

ひょっとしたら、そのような稼ぎ方を後ろめたく思っている銀行マンもいるかも知れない。そうであれば、顧客貢献とか中小企業支援といったフレーズは、いわば彼らのビジネスをカモフラージュするための言葉に過ぎないということだ。そのことを熟知している銀行マンであれば、自分自身に後ろめたさを感じてしまうこともあるかもしれない。だからこそ、銀行に世話になっているという気持ちは一度リセットし、対等の立場で付き合えるかどうかを検討することが大切なのである。

事業も3本の柱で取り組む

銀行取引は3行くらいに分散させると述べたが、初期に3行まで増やすのは危険だ。まず、一番親身になって貸してくれる信用金庫か、日本政策金融公庫から取引を始めよう。だが信用金庫の難点は、地銀や大手銀行と比べると金利が高いことだ。それに、事業が順調に伸びても、信用金庫は貸付金額が地銀と比べると低い。このことから、借入金額が10億円に届きそうなときは、地銀から融資を受けるのが良い。そして、地銀の借入金が10億円から20億円に近づいたら、大手都銀と取引を始めると良い。第一、地銀や都銀と取引ができれば、利息は格段に安いし、１００億円までなら余裕で取引できる。

いわゆる会社の成長スピードに合わせて、銀行を増やしていくのだ。

これと同じように、事業も着実に伸ばして行けば良い。

でもまずは、柱になる第1事業を他社に負けないように、地域一番を狙って成長させて行くのだ。

そのエリアでナンバー3以内になったら、第2の事業に着手するのだ。そして今度は、第1と第2の相乗効果で他社を圧倒していくのだ。

それが完成したら第3の事業に着手し、そのエリアで圧倒的なドミナント（専有地域）を築いていくのである。

私が、ケンタッキーフライドチキンの次にモスバーガーに着手し、3番目に牛丼・うどんチェーンに事業を拡大し、そのエリアに圧倒的なドミナントを築いたように、である。

もちろん、無理に拡大しなくても良い。

第1の事業の基盤が固まったら、第2の事業。そして、第2の事業基盤が固まったら第3の事業に着手するのである。

事業は何が起こるか、誰にも分からない。

BSEが発生し、事業が苦境に立ってもケンタッキーフライドチキンが会社を支え、鳥インフルエンザが発生しても、モスバーガーと牛丼・うどんで会社を支えられた。

そういう長期戦略で、会社を成長させていくのだ。

まずは第1の事業を盤石にするのが肝心だが、時代の流れに合わせて事業を多角化し、基盤強化を図るのである。

当てずっぽうの事業拡大はオススメしないが、必要に迫られて事業拡大するのは賛成である。

事業再生に限ることではないが、会社の基盤を盤石にするには、第1の事業の基盤を固めながら、第2、第3の関連事業を増やしていくことには、私は賛成である。

事業再生では、息子・娘などをはじめ、親族に承継させるケースも実態としては多いが、いずれの場合も、同じことを同じ状態でやっていては、再生は覚束ない。

安心して任せられる状態に

3つの事業の柱を育てていくということは、既存会社の社長が第2会社の社長に安心して任せられる状態をつくるということである。第2会社の設立時は1つの事業を移転しただけであっても、その事業が順調に進めば、数年程度の間に新規の運転資金が必要になる時期が来る。その時期に合わせて、2つめの事業を展開するように考えれば良いのである。

ただ同じことを続けるのではなく、だからと言って、まったく経験のないことを手掛けるのでもない。軌道に乗っている事業から派生した事業を新規に手掛け、さらに数年後、同じように軌道に乗った事業から派生した事業を手掛けていく。

「3本の矢」ではないが、中小企業では3つの事業を展開できるようになれば、本当に安定する。事業再生の観点から言うと、立派に再生できた状態である。その状態になって初めて、取引先からも

「安心して取引できる」

と言われるようになるのではないだろうか。

個人でも第2会社による事業再生の方式は活用できるか？

第2会社による事業再生の方式は、返済に苦慮する個人の再生でも活用できるのだ

ろうか。一般的に考えると難しく思えるのだが、事業を守っていく、事業を始めるという意味ならそれほど難しくはない。

自分で運営している事業を法人にすれば良いのである。個人の債務責任を逃れるのは不可能なのだが、事業を守ることは第2会社方式で可能なのである。債務超過になった会社の事業を再生する場合と、原理は同じである。

現在やっている事業のキャッシュフローが健全であれば、その事業を新会社で運営して行けば良いのである。

連帯保証人になっている経営者は、時効までは資金や資産は持てないが、その代わりに個人の銀行口座だけを守っていけば良い。それも面倒だというのであれば、ちょっと大変だが、一切個人口座を持たず、連帯保証人になっていない奥さんの銀行口座の一つを借りれば良いのである。または、資産管理会社を設立して、法人として資金や資産を管理するのである。

この理屈で、個人事業主も、事業は連帯保証人になっていない奥さんや、お子さんや、友人に事業を買ってもらい、個人保証人になっている本人は、多少の不便はあるが、先述したように、債務超過の会社社長と同様の対応をすれば良いのである。

実際に、新会社で新しい事業を立ち上げて、社長にはなっていないものの、積極的に事業展開している個人事業主もいるのだ。

副業でも事業化を前提に再生する

一例として不動産投資を例に考えてみよう。法人ではなく個人が副業として行っているような不動産投資である。

一般的に、不動産投資は銀行の融資がなくてはなかなか実現できず、しかも、大きな額の投資が必要になる。

しかし、ブランドの確立した安全な投資であれば、銀行融資を受けても大丈夫な事例も多い。

事業運営に自信がなければ、スーパーホテルのオーナーになり、運営は本部に委託するのである。

このような不動産活用方法であれば、あまりリスクはない。

委託契約期間が終了すれば、土地と建物は地主のものになり、どのように活用しても良い。

アパート投資などよりも投資回収率は高いし、ブランドが確立していることもあって安心である。

くれぐれも避けるべきは、自分の経営能力を過信して、新規の事業を始めることである。今、あの事業が流行っているからといって、自分で経営するのは絶対避けるべきである。それが、全財産を失うことに繋がっていくことが多いのである。なまじ資産を所有している人は、事業などを考えずに、その資産を安全に活用していくことを考えたほうが良い。

そうした不動産投資家も、順調満帆とは限らない。予想していた実質利回りが実現できず、大きな額の負担と返済額を抱え、返済に窮するような状態になってしまうケースもあるのだ。

そのような場合に、これまでの不動産投資に伴う返済を返上できるような仕組みがあっても良いだろう。なぜなら、銀行はそのような投資家を自行の都合で利用して、利益を上げてきたからである。

個人再生という制度もある。

奇策ではあるが、もし多少の自己資金があるのであれば、銀行に競売を打ってもらい、競売価格で買い戻すことができれば、債務額を減らし、健全な運営ができるようになる。

しかし、よほど余裕がなければ、そんな大胆な手を打つ必要もない。安全運営に努めていれば、自然に収入も資産も増えていく。資産を持っている方は、長期安定した運営に努めるのが最良だ。決して、銀行の甘い罠に迂闊に乗らないように注意すべきである。

おわりに

なぜ会社はつまずくのか。どのような個別で特殊な事情・理由があったとしても、結局は「返せない借金をしたから」という答えに収斂される。だからこそ大切なのは、原則に則した経営を行い、銀行に全面的に頼るような経営はしないことである。

そして、銀行は回収を第一の目的に考えるようなことをせず、資金を提供してそこから利益を得るという経営の原則に立ち返り、リスクを考慮しながら取引先を資金的にバックアップする事業展開をすべきである。

取引先が債務超過になり、返済が滞ったとき、現在の銀行には「リスケジュール」しか具体的な手法がない。だが、リスケジュールで対応できるところは良いが、それで乗り越えることができない会社もある。

そのような事態に直面したとき、どう対応するか。第2会社による事業再生の手法がある。そのことをより多くの経営者に理解してもらいたい。私はそのような気持ちから本書をまとめた。

事業再生コンサルタントである私のところに相談に来る社長の多くは、まず弁護士に相談する。すると、多くの弁護士は、

「自己破産しか解決の方法はありません」

と宣告する。すると、相談した社長は、

「自己破産をすれば財産のすべてを失うし、その先、事業を続けていくというのは、とうてい無理だ」

と暗澹たる気持ちになる。

だが、第2会社による事業再生ならば、解決の方向性が見えてくる。第2会社に設備や従業員を移し、信頼のおける第三者に第2会社の経営を任せ、既存会社を閉鎖すれば、債務者としては適法に債務を清算できる。社長は既存会社の清算後、別の仕事につくことも可能だ。自己破産などしなくてもいいのである。

もちろん、社長は顧問や相談役として第2会社にアドバイスすることもできる。社

長の年齢が若いのであれば、第2会社が軌道に乗った3年後、5年後に、第2会社の社長と話し合って、その役員に加わり、経営の一翼を担うこともできるだろう。

事業再生コンサルタントとして、

「銀行の借入れが返済できず、困っている」

といった相談を持ち込まれることは多い。

そんなとき、

「一度、弁護士さんや、取引のある会計事務所さんに相談されましたか？」

と尋ねることにしている。そして、

「何と言っていましたか？」

と聞くと、大抵の人からは、

「自己破産しかないと言われました」

という答えが返ってくることが多い。

そして、

「自己破産しないで、事業継続できる方法はないですか？」

と聞いてくる。そんなとき、

「痛みは伴いますが、第2会社方式をよく知っている弁護士とよく相談して、良い手を考えましょう。キャッシュフローの良い事業をじっくり選択し、第2会社を設立して事業をどう残していくか、良い案を考えましょう。返済についてはあまり心配しないでください。絶対に事業再生するんだという強い意志を持っていれば、必ず実現できますから」

と勇気づけて、事業再生に取り掛かるようにしている。

多くの経営者が、八方塞がりの状況になる前に、そのように発想を転換してみてはどうだろうか。

銀行側には、互いが納得のいくビジネスができる方向をもっと真摯に考えていただきたい。第2会社と取引を始め、その経営が軌道に乗れば、新しい融資を行うこともできる。

「返さない経営者は犯罪人だ」

という発想・認識を捨て、より正当なビジネスプランに協力・支援する姿勢を持ってほしい。銀行と企業が互いに難局を乗り越えてやっていくことが、ウィン・ウィンということではないだろうか。

世の中には、
「借りたお金は、必ず返さなくてはならない」
と思い込んでいる人がいる。そして、それが実は自分の首を絞めているような状況の人も多い。そして、ほとんどの場合は打開策がないまま、結局、どうにもならないところまで行ってしまう。最終的には自己破産するか、他人に迷惑をかけるか、親戚に無心するか、といった状況になる。

一般に日本人の心には、そうした自らの恥を周囲に晒したくないという気持ちや、人や社会に対する過剰なまでの責任感など、いわば国民性と言っても良い性格が強くある。しかしそれがアダとなって、自分だけで問題を抱え込み、結局、解決策を見つけられないまま、なかには自殺を選んでしまう人もいる。しかも日本の場合、借りた本人だけではなく、連帯保証人も同様に追い詰められてしまうのである。

しかし、第2会社による事業再生という方法は、この状況の大きな打開策となり得る。借りた金は返さなくてはならないが、本当に返す能力がなくなってしまったときには、返すこととは別の仕組みである、「再生すること」を目的とした仕組みが必要なのである。

この第2会社による事業再生は、これまでにはなかった債務者保護の視点が組み込まれ、かつ、債務者である経営者自身の将来についても多くの可能性を広げることのできる、いわば大変有効な「人生の再生プラン」なのである。

長谷川博郁（はせがわ ひろふみ）

1952年 青森県八戸市生まれ。大学卒業後、父親が創業した第一ブロイラー㈱（現・㈱プライフーズ）に入社。西独、米国で研修後、外食事業展開のため第一フードサービス㈱を設立。KFC、モスバーガー等約80店舗、年商60億円の外食事業に育てる。2001年以降、狂牛病や鳥インフルエンザ等の勃発から売り上げが低迷。メインバンクから勧められ事業再編に取り組むが、主力事業を売却させられた時点で裏切られ18億円の負債を負う。倒産寸前で「第2会社方式」による事業再生方法を知り銀行と決別。この方法により12店舗を残す事に成功。以来、自らの経験を活かし事業再生コンサルタントとして活動。全国の企業を対象に相談者数400名、40社以上の事業再生実績を持つ。実弟の長谷川晋は元外交官でメルボルン総領事、イラク特命全権大使等を歴任した。
ホームページ　https：// 事業再生仕事人 .com
E メールアドレス　saimu-hotline@rebirth2011.jp

銀行《ぎんこう》という病《やまい》

第《だい》2《に》会社方式《かいしゃほうしき》で事業《じぎょう》と人生《じんせい》を再生《さいせい》する

2020年2月13日 初版第1刷

著　者　長谷川博郁《はせがわひろふみ》
発行人　松崎義行
発　行　みらいパブリッシング
〒166-0003 東京都杉並区高円寺南4-26-12 福丸ビル6階
TEL 03-5913-8611　FAX 03-5913-8011
http://miraipub.jp　E-mail:info@miraipub.jp
編集　武 久仁夫
編集協力　Jディスカヴァー
ブックデザイン　則武 弥（ペーパーバック）
発　売　星雲社（共同出版社・流通責任出版社）
〒112-0005 東京都文京区水道1-3-30
TEL 03-3868-3275　FAX 03-3868-6588
印刷・製本　株式会社上野印刷所

ISBN 978-4-434-27205-9 C0034